U0033115

消失中的城堡

作者◎黃晨淳

好讀出版

消失中的城堡
CONTENTS

城堡，一個紀念碑

　　相信多數人對城堡的印象，多半是浪漫與夢幻的——佈滿青苔的石砌厚牆，矗立著一座囚禁美麗公主的圓形尖塔；鋸齒狀的城牆後，挺立著瀟灑英勇的騎士，而牆角下栓著的是一隻噴火龍、護城河的水面上浮著的是一雙鱷魚的眼睛……就算有些不一樣，大抵也和迪士尼動畫公司那個標誌不會相差太遠。

　　然而，當人們懷著童稚般的心情，興奮地來到城堡觀光，想證實一下小時候的想像是否真實，結果卻往往有些失落。原來，沒有了公主與火龍的城堡竟然只是這樣——只是一棟大型石頭建築物的外貌而已？！

　　其實，這才是城堡最迷人、最神秘的地方。因為，一旦瞭解這些城堡，在久遠的世紀前，究竟為何而建？它的歷史過往為何？又發生過多少軼事豔聞後，你會發覺，城牆後的噴火龍可能

只是一個暴躁善妒的國王，而尖塔裡囚禁的美麗公主不過是個失寵的情婦。而我們已經換了另一種探究的眼光在觀賞城堡了！

任何建築都有其獨特的語彙，城堡也是。它的獨特點在於曾經有人住過，而且，住在裡面的都不是「一般人」，而是很能代表一個時期氛圍的王室家族；於是，愛德華八世與辛普森夫人在溫莎古堡譜出一段愛情傳奇、哈姆雷特在克倫堡尋找復仇的契機、阿克胡斯城堡成為海盜王的藏寶地，而曦儂城堡與馬薩達城堡雖已幾成廢墟，卻因聖女貞德和猶太人集體自殺事件而永垂不朽。

城堡，就像風格各異的紀念碑，無言地訴說著難忘的往事，見證著歷史的流變及人類所留下的足跡。就讓我們隨著這部書，一起探索那神秘而奇特的文明！

　　說起城堡，相信到過歐洲旅行的人，對那些山林中、江河畔不時閃現出的城堡一定留下了深刻的印象。當列車快速地滑過綠色的原野，旅人總是可以看到各地城堡高聳的塔樓、殘破的城牆、造型各異的堡壘在夕陽下靜靜地矗立，由遠而近，由近而遠。欣賞之餘，不免有一個問題湧上心頭：為什麼會有這麼多古堡？它們到底為何而建？

城堡的誕生

走進風雨如晦的黑暗時代

　　第一批真正的城堡，出現在歐洲的中古時代。「中古時代」一般是指西元5世紀到15世紀間所構成的時代。這段歷史，大致上可以分為前後兩期來討論。前期的四、五百年間，蠻族橫行歐洲，古希臘羅馬文化幾乎全遭破壞，史稱「黑暗時代」；中古後期，經過基督教教會的努力，歐洲蠻族首次大團結與東方的回教徒爆發了大規模的宗教戰爭──十字軍東征。東西文化的再度接觸，促使後期的歐洲文化逐漸成長起來。

　　從整個人類歷史來看，中國歷史和歐洲歷史時常有所關聯，現在我們要敘述的黑暗時代，就是中外歷史彼此關聯的一個實例。

中世紀時代，土地就是權力。所有的土地均為國王所有，不過國王為了酬答部屬的汗馬功勞，就須論功行賞，將一部份土地分封給幫他打仗的軍團首領，並授予公、侯、伯等爵位；公、侯、伯等又將得到的封地，分出一部份給屬下的戰士，並賜予子、男、騎士等爵位。

中國北方自古就常遭受匈奴人的侵擾，到了漢朝，國勢強盛，不斷派兵征討匈奴人。原來極為強大的匈奴人終於被中國擊潰而分為兩支，一支叫做南匈奴，願意留在中國，投降漢朝；另一支不願意投降漢朝的叫做北匈奴，只得向西逃遁，遷往歐洲。

當時歐洲中部、北部和東部還住著許多野蠻民族，如中部的日耳曼人，北部的北蠻人，東部的斯拉夫人等。那些蠻族分為眾多部落，沒有文字，直到西元四世紀間，都還過著原始的狩獵生活。

由於受到北匈奴西遷的衝擊，中部和東部蠻族紛紛向南或向西遷移，而形成波濤壯闊的蠻族大遷徙。自此以後的四、五百年間，就在蠻族一波接一波的遷移襲擊下，整個歐洲是一片充滿衝突、搶劫、對抗和殺戮的蠻荒之地。古典時代遺留下來的城市與各種文物制度遭到廣泛的破壞。人世間的混亂和普遍存在的不安全感，迫使當時的歐洲人轉向虛無的天國。

然而，以基督教為基礎的精神生活並不能為人們帶來安定的現實世界，破敗的羅馬帝國仍然一片混亂。粗獷強悍、尚武好鬥的蠻族部落在羅馬帝國的廢墟上建立起一個又一個小國，他們與羅馬人之間或相互間不斷攻伐，揭開了歐洲大部份地區政治史上最混亂的一頁，後來的史家就將這一段時期稱為「黑暗時代」。

躲避戰亂的港灣

黑暗時代中，遷徙流竄的蠻族部落各霸一方，形成許多國家。例如法蘭克人占得高盧，建立法蘭克王國；盎格魯撒克遜人占得不列顛群島，建立七個小王國；東哥德人占得義大利半島，建立東哥德王國；西遷的北匈奴人占得多瑙河沿岸各地，建立匈牙利王國。

另有一支從亞洲遷移到歐洲的蠻族，在巴爾幹半島上，建立保加利亞王國；南侵的斯拉夫族部落也在巴爾幹半島上，建立塞爾維亞王國；北蠻人中有一批人遷至聶伯河流域，建立基輔大公國等。歐洲就以眾多蠻族部落占地建國之姿，形成多元民族的地區。這種分裂的現象，導致今日歐洲

這種裂土分封的制度和農奴制度結合起來，就形成上下相連的封建制度。在這制度之下，皇帝或國王高踞最上層，中間有各種不同爵位的貴族，最下層就是眾多的農奴，形成一種金字塔式的政治組織。

形成多元國家的局面。

　　而在分崩離析中，曾出現兩次統一的大帝國，一是查理曼帝國，另一是神聖羅馬帝國。但是兩次的統一都未能持久，就又形成四分五裂的分割局面。

　　由於政治分裂，帝國、王國、公國、騎士領地等多種多樣、大大小小的封建政治實體遍佈各地。沒有人能夠說清它們之間的邊界，也沒有人能夠完全清楚它們之間的關聯。

　　也因為各等級封建貴族之間經常爆發各種原因引發的戰爭，所以他們得時時備戰，常常參戰。所有貴族都相當於軍事將領，他們的附庸則構成其所屬的各級官兵。

　　正是遍及歐洲各個角落的大小戰爭，使封建領主廣泛修築城堡，以保衛自己的莊園。那時，建立城堡是戰爭中最可靠的防禦方式，至少弱小的一方可以退守城堡。

　　由於軍事技術的落後，城堡成為最安全的防禦手段。以土石材料為主的城堡足以抵擋住騎兵的快速攻擊，將突襲式的速決戰轉化為消耗戰。所以，城堡的作戰目的不在於殺傷敵人的力量多寡，而在於化解敵人的攻擊。於是，城堡成為躲避戰亂風暴的港灣，成為抵抗強敵進攻的工具，成為維護一方樂土安寧的利器。

　　特別是在歐洲中世紀，一些貴族很快聚集起令人生畏的權力。他們建造越來越多、防衛越來越好的城堡，使城堡進入黃金時代。

領主和附庸

　　在封建制下，凡是將土地分封給別人，就叫做「領主」，接受封地的叫做「附庸」。領主在分封給附庸時，要舉行莊嚴的儀式。儀式以後，領主負有保護附庸的責任，附庸對領主則有效忠的義務。除非附庸犯有重大過錯，領主不能隨意沒收附庸的封地。

古堡的新生

　　城堡的軍事重要性在14世紀明顯降低，到15世紀時火炮摧毀了各地重要的城堡，其他的城堡也逐漸被廢棄。與此同時，身著鎧甲的騎士也退出了歷史舞台。

　　但是，武器是由人控制的，城堡也是為人服務的，火炮並非自動地摧毀了城堡，城堡的衰落有其深刻的社會原因，是歷史變遷的結果。當厚重的城牆被改造成火炮的炮台，適於新式武器發揮火力時，城堡以新的面貌重新進入戰爭舞台。

　　16世紀期間，歐洲各個戰場的城堡再度得到人們的重視，許多城堡得到加固，城牆被加厚，高度降低，以適應居高臨下發射炮彈。新式城堡都改變了外觀，此後，大規模的內戰更為城堡提供了最後施展軍事魔力的機會。英國的貴族內戰「薔薇戰爭」和資產階級革命、法國的宗教戰爭、德國的「三十年戰爭」、義大利戰爭等戰爭中，人們仍然可以看見身穿全副盔甲的士兵在搏殺，炮彈仍然在城堡的上空呼嘯而過。

　　城堡似乎重新煥發了活力，面目一新地出現在歐洲各地；相對的，城堡在新的火器戰爭時代又成為攻擊的重要目標。

　　到了17世紀，由於貿易自由化，大航海時代到來，轄區人口遷移，城堡的軍事價值逐漸被其生活價值所掩蓋。人們還在繼續建造城堡，只是這些城堡已不再是有軍事意義的要塞，而是一些舒適的行宮，以及裝飾越來越富麗堂皇的宮殿，城堡的歷史就此進入尾聲。

　　如今，人們已重新認識古堡的文化價值，不再刻意改變城堡的原貌，而是著重維護遺址，以體現中世紀城堡的歷史價值。

　　城堡重新吸引了人們的注意，但是，它們不再是施行暴力的中心，而是休閒和陶冶情趣的花園，硝煙彌漫的武力衝突已遠離，代之而來的或是鳥語花香的國家公園，或是收藏古文物的博物館和藝術畫廊。

莊園和農奴
　　在黑暗時代中，由於戰亂，城市破壞無遺，工、商業幾乎絕跡，社會倒退到原始的經濟狀態，各地分立許多自給自足的農村。中古農村多以貴族的城堡，或教會為中心，鄰近聚居許多農戶，形成「莊園」。貴族和教士是大地主，沒有土地所有權的農奴替他們耕種。這群農奴世代無法遷移，因此被形容是「縛在土地上」的人。

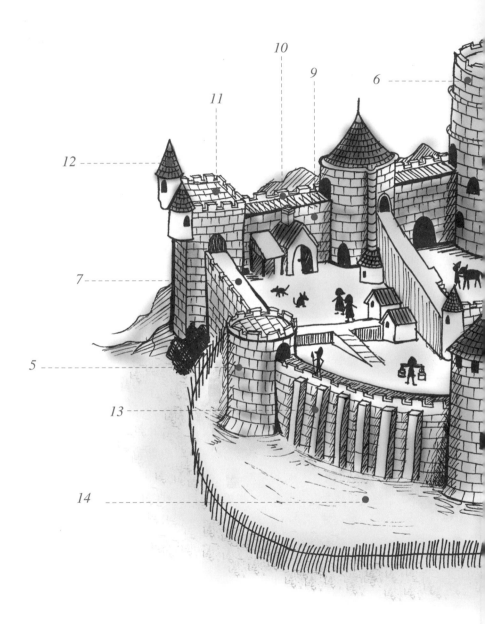

城堡的結構

陳素／繪圖

1、外堡	5、塔樓
2、吊橋	6、主堡
3、箭眼	7、環城通道
4、瞭望台	

8

15

4

3

2

1

chapter 1

那些人，
那些事

公主和王子從此過著幸福美滿的日子，

這是童話故事裡的結語。

只是，

那些人，那些事，

總是在故事後才發生。

　　溫莎古堡最為世人矚目的，莫過於溫莎公爵「不愛江山愛美人」的浪漫故事。愛德華八世為執著於自己選擇的伴侶，情願放棄王位，於1936年由國君降為公爵，偕同愛妻住在溫莎古堡終老，溫莎古堡自此聲名大噪，許多人來此感受這份羅曼蒂克的感動。

不愛江山愛美人

英國皇家獨特的尊貴品味

　　溫莎堡位於距倫敦約三十五公里的溫莎鎮，在泰晤士河南岸的山丘上，當十一世紀的威廉一世征服統治英國時，為控制通往倫敦的泰晤士河水道，遂在山丘上建築木結構的城堡並取名溫莎堡。後來，經過不斷改建、擴建，至十九世紀喬治四世和維多利亞女王時期把古堡擴建為宮殿，成為今日的面貌。城堞綿延的古堡，或方或圓的高塔加上綠草如茵的花園共佔地四千八百英畝，是世界上最悠久、規模最宏大的古堡。

　　英國王室九百多年來，一直將這座古堡當作王宮或行宮，有不少帝王出生在此、結

除了白金漢宮，溫莎堡是瞻仰英國皇室生活的最佳去處。每年有數以萬計的觀光客來此感受溫莎公爵「不愛江山愛美人」的羅曼蒂克。曹馥蘭／攝影

婚在此，也長眠於此。在周圍盡是一片綠樹蔥籠中，巍然聳立的蒼褐方石城堡，看不出有君臨天下的霸氣，也沒有像巴黎凡爾賽宮那樣奢華的驕氣，但它的典雅精緻之美，卻流露出英國皇家獨有的尊貴品味。尤其，1937年愛德華八世被貶為溫莎公爵後，便和離婚的辛普生夫人結婚，隨後即住進這裡，增添了浪漫的氣氛，也使溫莎古堡更名聞遐邇。

女王渡假的皇家城堡

溫莎古堡分上中下三區，上區是城堡的精華，內有女王迎見外賓的謁見廳、滑鐵盧廳、女皇交誼廳等，都珍藏著無數藝術品，教人大開眼界！還有一座「玩偶宮」，是1920年時由一千五百位設計師、藝術家聯合獻給瑪麗王后的禮物。宮內每件物品都是以1：12的比例呈現，精緻程度令人咋舌，是最受遊客歡迎的區域。

中院可見高達七十呎的圓形砲疊蘭德塔（Ronnd Tower），是溫莎古堡最高的建築，在塔頂可眺望整個溫莎鎮的景色，以及南邊遼闊的溫莎公園，那是以前王室的狩獵區。幾個世紀以來沿襲的慣例，國王往往於復活節前後來到此居住六星期，六

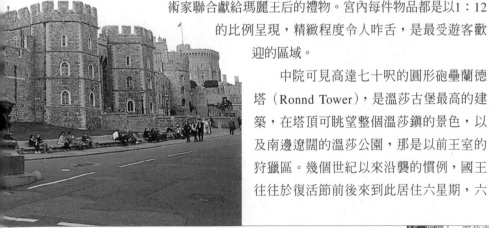

溫莎堡是英女王週末最愛的去處。為慶祝2002年伊莉莎白女皇即位50週年，溫莎城堡管理單位特地設計了一座紀念花園。張惠凌／攝影

月份則到此避暑三星期,若女王進駐古堡,則高塔的旗桿上便懸掛獅子與獨角獸的皇家旗幟,也就不對外開放;若是懸掛米字旗,便表示女王未住在堡內,遊客可入堡參觀。

下院最著名的是聖喬治大教堂(Saint George's Chapel)。教堂採哥德式建築,高聳入雲的尖塔,十分壯觀。內部的裝飾更是令人歎為觀止,細膩鏤花的金色屋頂、巨型的水晶吊燈、成排的帝王肖像和勳章,點綴著滿室金碧輝煌,映著門窗上鑲嵌的各色玻璃,構成一幅五光十色的絢麗畫面,令人目不暇給。在教堂的地下墓室中,有亨利八世、查理一世、威廉四世和約翰五世等歷代英王的陵墓,室內佈置十分嚴肅,充分表現了英國統治者的威

聖喬治大教堂,屬哥德式建築,可說是整個城堡區最精彩的地區,建於愛德四世時,共有10位國王葬於此處。曹馥蘭/攝影

嚴。然而到了今日，昔日威震八方，叱吒風雲的帝王，都已音容杳杳，黃土一抔，埋盡帝王榮華！古事煙雲，懷想著昔日大英帝國光采，而今不再，總令人不勝唏噓。

　　古堡四周是一望無際的青草地，而短小的房舍排列在青草地旁，窄窄長長的窗門，白色的窗櫺，配合著燦爛耀眼的繁花，把溫莎古堡點綴得更迷人；而矮小的木柵，彷彿圍住了滿園的春意，饒富情趣，使得溫莎古堡在浪漫的愛情氣氛下，更別有一種寧靜的情調，令人流連忘返。

除了白金漢宮，溫莎堡是瞻仰英國皇室生活的最佳去處。每年有數以萬計的觀光客來此感受溫莎公爵「不愛江山愛美人」的羅曼蒂克。張惠凌／攝影

　　組成聯合王國四大地區之一的威爾斯位於不列顛西海岸的半島上，最早在此活動的是伊比利人，隨後有塞爾特人、諾曼人、盎格魯撒克遜人、維京人相繼侵入，在這些強大的外敵壓迫，而且要在崎嶇的環境中求生存，這一段艱苦的長期奮鬥過程，不但培養了威爾斯人民堅強和獨立自主的個性，也爲威爾斯享有「歐洲的城堡博物館」（Land of Castles）的美稱。

　　外族入侵時，侵略的據點就是城堡，因此今日威爾斯的城堡，不勝枚舉，西元前的羅馬古堡、十一世紀的諾曼城堡、十三世紀加入法蘭西樣式，還有純英格蘭樣式、本地威爾斯樣式及十九世紀的豪華宮殿式，林林總總，四處羅列，踏入此地，眞的宛如進入一座精心設計展示城堡的博物館。

歐洲的城堡博物館

喀那芬城堡（Caernarvon Castle）

　　有人說，若要羞辱威爾斯人，最好的方法莫過於說他是個英國人。這種由來以久的仇英情緒至今仍可以在威爾斯人的身上看見。

　　威爾斯人常以身爲眞正的不列顛人自傲，因爲他們堅信自己的祖先源自於這片土地，是島上最古老的民族——塞爾特人。目前，約有百分二十的威爾斯人說的仍是歐洲最古老的威爾斯語。

　　西元五世紀時，盎格魯撒克遜人入侵英格蘭，把塞爾特人趕到威爾斯山區，並以「Wealeas」（野蠻人、陌生人之意），後來

演變爲「Wales」成爲今日威爾斯的地名。

中世紀時代，威爾斯人爲抵抗外敵曾興建許多堡壘；但隨著愛德華一世佔領後，爲屈服威爾斯人，建起了規模更大的喀那芬（Caernarvon）、康威（Conwy）、哈里克（Harlech）以及畢馬里斯（Beaumaris）等城堡，並以此做爲英格蘭的據點。1282年，威爾斯末代君王盧埃林死後，威爾斯即臣服於英格蘭。

喀那芬城堡和康威城堡都在威爾斯郡西北海岸，喀那芬則是本區最大的城堡，在城堡興建以前，喀那芬便是重要聚落。羅馬人於西元七十八年抵達，就已建了一座塞根提恩（Segontium）碉堡；城堡宮殿則是總督駐地，城堡外有一個防守嚴密的長方形軍事重鎮，裡面住著英格蘭移民。這些移民在戰時能組成民兵上戰場。

喀那芬城堡同時也是舉行封爵威爾斯王子大典的地方。原來當年愛德華一世爲了拉攏民心，將儲君王子賜封爲「威爾斯親王」，這個制度沿用迄今未變，所以當今的英儲君查爾斯王子被冊封爲「威爾斯親

卡地夫是「歐洲的城堡博物館」威爾斯的首府。黃瑞斌／攝影

王」，而已過世的黛安娜，生前就常被稱為「威爾斯王妃」。

畢馬里斯城堡座落在昂里西南，始建於1283年，和位於卡迪灣北岸的哈里克城堡一樣，都是方形建築，周圍是八邊形雙層城牆，並建有一座塔樓。

卡地夫城堡（Cardiff Castle）

威爾斯南部的卡地夫，位於布里斯托爾海峽的北岸，是威爾斯的首府。它的歷史可上溯到西元七十五年，羅馬人最早在塔夫河建一座要塞，十一世紀時諾曼人又在要塞廢墟上興建城堡，附近才逐漸形成小鎮，至十九世紀淪為歹徒、逃亡者雜居之地，當時人口僅兩、三千人。

1830年，布特侯爵斥資開發港口興建碼頭，使之成為煤礦輸出港，在第一次世界大戰前的1913年，它成為全世界最大的煤炭輸出港，不但促進了卡地夫的繁榮，也使布特侯爵成為巨富。

卡地夫城堡可說是串連了當地一千九百多年的歷史片斷。

卡地夫城堡可說是串連了當地一千九百多年的歷史片斷。從第一世紀羅馬人建的要塞所留下的城牆基底，到諾曼人興建的圓形堡壘和修築的城牆，迄今仍保存完好。黃瑞斌／攝影

從第一世紀羅馬人建的要塞所留下的城牆基底，到諾曼人興建的圓形堡壘和修築的城牆，迄今仍保存完好。

布特侯爵於1766年取得城堡所有權後，傳至第三代子孫時，由於家族興建碼頭和經營船業致富，遂於1867年至1875年之間，在堡內修築宮殿式的豪宅。裡面有滿是華美動物雕刻的鐘樓、充滿回教建築風格的阿拉伯廳、以及彩繪玻璃天窗的屋頂花園等極盡華麗的建築。

1947年，布特家族決定將這座豪華而富有歷史價值的城堡捐贈給市政府。如今布特侯爵第七代家人住在倫敦。

上圖／朋布洛克堡在英國歷史上佔有重要地位，因為第一任都鐸王朝君主亨利七世就誕生在這座氣勢非凡的城堡裡。黃瑞斌／攝影
下圖／1867年至1875年之間，經營船業致富的布特家族將卡地夫城堡修築得極盡華麗。黃瑞斌／攝影

21 那些人，那些事

英法百年戰爭時，得到神諭的聖女貞德來到曦儂堡幫助查理七世，對抗英軍，從此扭轉了法國的命運。曦儂城堡因此被稱爲「改變法國歷史之地」。

貞德事蹟的見證者

「法國庭園」

曦儂城堡位在一般旅遊羅亞爾河流域城堡起點的杜爾（Tours）。

全長1012公里的羅亞爾河發源自東南部的普羅旺斯北境的山地，爲法國第一長河，流經的區域約佔法國國土的五分之一。自奧爾良以下的中、下游即屬「羅亞爾河谷地」（Loire Valley），有著廣闊的平原、和緩的丘陵及森林綠地，氣候溫和物產豐饒，自古以來即有「法國庭園」的雅稱。

9世紀時爲防禦維京海盜入侵搶劫，以及百年戰爭期間王室和貴族憑藉羅亞爾河作爲屏障而紛紛南

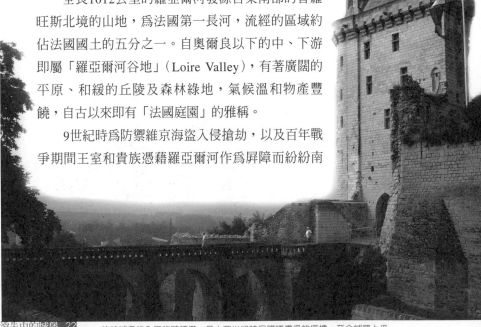

　位於城堡的入口的時鐘塔，是十四世紀時保護曦儂城堡的塔樓，至今城牆上仍留有射箭口的遺蹟。宋洋東／攝影

遷，先後修建了不少戰備城堡。自百年戰爭以後，法國境內已無外患，查理八世便以那不勒斯安茹家族的繼承人身份遠征義大利，後來繼位的路易十二及法蘭西斯一世也先後出兵義大利，雖然戰果不盡如意，但卻帶回文藝復興的新思潮。

從酷愛文藝的法蘭西斯一世開始，眾多的王侯貴族便聘請義大利著名的建築師、藝術家、工匠，在羅亞爾河流域競相建造許多狩獵休閒、居住的華麗城堡；從奧爾良到曦儂之間約一百二十公里長，就分佈著五十座以上的大型城堡和三百多座豪宅巨府，展現整片教人難以置信的建築奇觀，法國文藝復興在此大放異彩。

今日，羅亞爾河谷地的城堡經典建築，已成為法國最浪漫、最富有文化氣息的觀光勝地。

英國金雀花王朝入主

曦儂在杜爾西南方四十五公里處，是一個羅亞爾河流域出產紅酒的古城小鎮，城堡三面被斷崖絕壁環繞，自羅馬時代即是重要的要塞，到了954年，布洛瓦伯爵第歐帕爾在此築城，1154年成為英格蘭的領土，隸屬於英國的金雀花王朝，改建後成為金雀王朝皇室最喜歡的城堡。

1189年，當時的法王菲力浦二世拉攏金雀花王朝的繼承人「獅心王」理查，而向英王亨利二世挑戰。此時老邁的亨利二世，身體肥胖，百病纏身，已經沒有往年的魄力，於是家臣們紛紛離棄老王，蜂擁投靠理查王子。

兩位年輕王子的凌厲攻勢很快讓亨利二世招架不住，他只好帶著殘兵敗卒逃到曦儂城堡。最後，奄奄一息的亨利二世，在馬背上與菲力浦二世講和，無奈地回到城堡，引頸企盼自己最寵愛的兒子約翰能夠前來解救。

不料，約翰為了戰後領地的瓜分，竟也將父親棄之不顧。到最後，陪伴在老王身邊的兒子，只有庶子傑夫利而已。那時候正值盛夏，傑夫利用扇子幫肥胖的父親搧涼，趕走黏在父親臉上的蒼蠅，照顧他的餘生。曾經叱吒一時的國王，就這樣在這座城堡迎接末日的到來。

重回法國懷抱

打敗父親後，理查就任英國國王。隔年，率領十字軍前往聖地，與菲力浦二世協力攻下伊斯蘭的重要據點──阿貢。

菲力浦二世攻下阿貢後，就將一萬名法軍留在聖地，自己回到法國。對他而言，十字軍東征只是個交際的幌子，統一法國才是他一生的志業。

這時候獅心王理查被俘，被囚禁在德國的杜倫修坦城堡五

雖然曦儂城堡的大部份建築不復存在，但幾片高聳的殘壁還是保存得相當完整，一磚一瓦都飽含著往日的風華，不難想見昔時的盛況。宋洋東／攝影

年，而後，金雀花王朝付了十五萬馬克的鉅額贖金，才讓理查得以回到法國；但此時菲力浦二世已逐一併吞金雀花王朝的領土，事到如今，理查才深深覺悟到誰才是真正的敵人。之後幾年，理查只負責法國國土的防禦，但他在一次戰役中受了重傷，於運回曦儂城的途中去世，年僅四十一歲。

理查獅心王去世後，菲力浦二世更加快了他的腳步；從1203年起，經過六年的時間，菲力浦著手進攻蓋亞城，將金雀花王朝在法國的領土一一征服，但繼承家業的約翰家臣仍繼續死守曦儂城堡，菲力普二世屢攻不下，最後改採斷糧策略，經過八個月的包圍，曦儂城終於在1205年重回法國的懷抱。

後來許多法國的統治者也居住在曦儂，西元1450年以前，這裡就是法國朝廷的所在地。

聖女貞德

1337年，英法之間因爭奪王位爆發了百年戰爭，到了1429年，英王爲徹底消滅法國，投入精銳的英軍，展開包圍羅亞爾河谷要衝——奧爾良的攻擊行動，情勢岌岌可危，這時，少女貞德突然出現，她以堅定的語氣說服了一位法國軍官帶她到曦儂城堡去晉見太子查理，這一次的會面改變了貞德以及法國的命運。

貞德是法國歷史上最受尊崇的民族女英雄，她出生於一個平凡的農家。十三歲時，她自稱聽到神啓，指示她要從英國人的手中解救法國，並在漢斯爲太子舉行加冕典禮。經過神學家的鑑定，認爲貞德並未受到惡魔的指使後，貞德取得查理的信任，並且獲得一隊人馬前往解救受困的奧爾良城。受到貞德的激勵，法軍果然反敗爲勝，收復不少失土。該年七月，貞德和查理成功地到達漢斯，如同歷代的國王，查理在漢斯大教堂正式加冕爲法國國王，大大地提高了他的聲譽。

但是貞德並沒有一開始的運氣，她在攻佔巴黎時受傷，並且1430

年在康批耶尼被勃艮地公國的軍隊（當時勃艮地公國的領域涵蓋今日的比利時、荷蘭和法國北部），隨即被轉賣到英國。英國人為了破壞查理七世的威望，堅持要她在盧昂受審，並以「妖言惑眾」、「穿戴男裝」等罪名誣其為女巫，最後在盧昂的廣場被火刑活活燒死。當時她才十九歲，正是含苞待放的年紀。

貞德之死似乎激起了法國人的戰鬥意志，英國逐漸退出法國；到了1453年，除了加萊一地，英軍已全部撤出法國，百年戰爭結束，英法兩國從此由海峽分隔。爾後，查理七世全力投注整頓內政和提升王權；但是由於權勢受限的大貴族和皇太子（後來的路易十一世）勾結，查理七世心生疑慮，隨時擔心被毒殺，最後因為營養失調而去世。時值1461年，享年五十六歲。

1979年5月，正值奧爾良戰役五百五十週年紀念，法國舉辦儀典紀念貞德，羅馬教皇正式下詔為貞德平反，恢復她的名譽。

古堡的風華

曦儂城堡在十七世紀時由路易十三的首相利修路買下，但他的後代棄之不用，因此逐漸荒廢，最後甚至演變到城堡所有人將城堡石材出售為建材的下場。直到1854年，才由名著《卡門》的作者、時任歷史文化財產公職的梅里美（Prosper Merimee）出面進行修復及保存。

不過也因為曦儂城堡一度被棄置，沒有進行其他的增建，所以才能將中世紀城堡的風貌保存至今。今天的曦儂已經頹敗，但整體輪廓依稀存在，寬四百公尺，縱深四百七十公尺的城垣，使訪客很容易在心中重建起往日巍巍的雄姿。

乾涸的護城河將古城分為三大部份，東邊是聖喬治堡壘（聖喬治是英國皇室的守護神），中間是中央古堡，西邊是古德瑞堡

壘。古堡裡還有皇家別院、塔樓及聖女貞德博物館。

　　幾片高聳的殘壁保存得相當完整，一磚一瓦都飽含著往日的風
華，不難想見昔時的盛況；幾處保留完好的屋宇經過改裝成為博物
館，展示著當年皇家的歷史，一磚一瓦都訴說著他們當年叱吒風雲的
故事。其中一堵寬大的斷牆下雕刻精美的壁爐仍然安在，傳說那是貞
德第一次與皇太子見面的地方。

曦儂城堡一景。聖女貞德曾在此城堡的廣場上誓師奧爾良，不但開啓
了她傳奇的勝利之旅，也扭轉了法國的命運。宋洋東／攝影

離香波堡六十公里處的都蘭省，歇爾河靜靜地流著，精巧的雪儂瑟堡就在河上。它是文藝復興的迷人產物，渴望愉悅，優雅的體現，纖細而悠久，複雜而協調，精緻中有規律。雪儂瑟堡的故事是七個人物畫，七個為歷史添色的堅強女性。

誘惑女人香

賢慧精明的妻子──波易爾夫人

雪儂瑟堡和所有的城堡相同，最初是個防禦堅固的戰略堡壘，座落在歇爾河花崗岩河床上。這些財產一度屬於擁有權勢的侯爵家族。它建於1513年，那年米開朗基羅剛完成西斯汀教堂的天花板，英國、羅馬、西班牙正要對法國展開侵略，而野心勃勃的資本家托瑪波易爾覬覦這座宅邸已久，便趁機奪取了侯爵的地產，並交由他的妻子凱薩琳全權改造。波易爾夫人在流水、堅硬橋柱和磨坊地基上，造了這座橫跨陸河的建築。

在正方形地基上，波易爾夫人設計了優雅繁複的尖塔和律動的窗，各式屋頂線條的角度呼應她為舊城樓加的新添飾，精雕細琢各種形狀的大片窗令沉重的石堡顯得明亮輕盈。她為了加強室內輕快的空間感，運用對法國來說算是個獨特的新設計──走廊。寬闊的走道上，不同的門通往獨立的房間（以往這些房間是相通的）；房間內部的擺設則反應出波易爾夫人良好的出身與高尚的品味。

　　由於波易爾夫人非常嚮往文藝復興宮殿風格，所以她選擇了全歐洲最好的工匠，用她的理想打造波易爾家族的城堡。這位城堡的第一位女主人還特地從義大利帶來了一個新奇的玩意——一段筆直而沒有彎曲的樓梯。

　　1517年，雪儂瑟堡已完成大部分的房舍，連國王法蘭西斯都讚美它是：「歇爾河上最美麗的地方。」在親戚紅衣主教波易爾為堡內教堂舉行淨化儀式後，波易爾夫人自此成功地開啓法國建築中的珍寶。

　　她丈夫為了表示對她的敬愛，在堡內各處刻下座右銘。其中刻在起居室煙囪的這則，便適用於雪儂瑟堡的第一位女主人身上——「家舍落成，回憶常存」。

典雅華麗的雪儂瑟堡是歇爾河上的一顆明珠，近五百年的歷史裡，女人始終是這裡真正的主人。不同的女人，不同的時代，給予雪儂瑟堡一種難以言喻的魅力。迥異於其他皇家城堡的雄偉氣魄，雪儂瑟堡以其優美的建築語彙傾述著女性的特質。

國王的情婦──黛安迪波堤埃

　　雪儂瑟堡名義上叫「Castle」，其實是帶有城堡風味的別墅，就好比帶有水果味的甜酒。城堡內唯一的防禦工事是一座老舊的移動式大砲，它與整齊的小塔和石牆訴說著中古世紀的攻防戰，呈現出一種規律的凜然之美，正好能形容下一位女主人──黛安迪波堤埃。美麗聰慧，以喜穿黑白著稱的黛安在此創造了法國最美的花園；憑著她的精明與意志力完成了波易爾夫人的心願：讓此堡成為法國宮廷生活最燦爛耀眼的中心。

　　身為情婦的黛安曾是法王亨利二世的家庭教師，雖然大他十五歲，卻是他終生迷戀的對象。1547年，波易爾夫人之子因破產而失去城堡，於是亨利把雪儂瑟堡送給了黛安。國王的寵愛，是兩個女人角力的開始，黛安不僅是皇后的對手，她還把自己塑造成手到擒來的「狩獵女神黛安娜」，她瞭解一旦亨利出了事，她就會失去雪儂瑟堡，於是她決定採取行動使雪儂瑟堡為她合法擁有。首先，她透過運作讓波易爾轉讓皇室的法令失效；接著，她找人去「關心」杜易爾家族的財務狀況──她明知破產的杜易爾家族再也無力支付城堡的費用，於是用極便宜的價錢買下了城堡。

雪瑟儂堡見證了凱瑟琳皇后與國王的情婦黛安之間的愛恨糾葛。鄧茵茵／攝影

對於改善城堡的裡裡外外，黛安自有她偉大的計劃，但是錢從哪裡來？黛安用天生的管理天份創造出投資擴張的商業計劃：她先增加了雪儂瑟堡的佔地和租金，並開始構思新的建築藍圖。為了節流，她降低員工的薪資，再廣植葡萄園、興建新農舍。不久，農場開始賺錢了，羅亞爾河人喝她葡萄釀的酒，吃產自黛安果園的杏桃。但這城堡的企業家女主人並不以此自滿，為了建造法國最美的花園，她雇請當地人工作一萬四千天，九千株野生紫羅蘭和草莓由森林中採來種在花園裡，一百五十棵桑樹運送來餵養絲蠶生產生絲；為建築高台以保護植物免受河水侵犯，共用掉了七千輛推車的石頭，黛安這些鉅大的工程成就足以和城堡本身相媲美！

黛安還造了一座橫跨歇爾河的橋樑，沒想到這座橋樑日後救了雪儂瑟堡。不到幾年，黛安已將雪儂瑟堡的利潤與價值增加了三倍。但為她贏得國王的寵愛與權勢的仍是美貌而非智慧，據說她的美麗是因為每天在城堡的歇爾河沐浴。然而，她終究失去了兩個最愛：在一次節慶的槍術比賽裡，她的保護者，也就是她的愛人亨利二世不幸被槍刺中駕崩。雖然她是合法的擁有者，但皇后豈肯放過她——還有什麼比奪走情敵最心愛的事物更快意？亨利二世屍骨未寒，以皇后身份攝政的凱瑟琳馬上以休蒙堡（Chaumont）做交換，將黛安逐出雪儂瑟

堡。不過，傷心的黛安後半生絕少駐足休蒙堡，多半都待在雅霓德堡（Anet），最後終老於此。

深陷三角情仇的皇后──凱瑟琳

權傾一時的凱瑟琳出身義大利麥迪奇家族，從小受過極好的教育，不但通曉地理、史學，對政治學也自小耳濡目染。由於麥迪奇老家佛羅倫斯是文藝復興大本營，凱瑟琳從小培養的藝術見識，在當時法國對義大利的欣羨風潮裡，有著無人能及的優勢。皇室對她非常讚賞，她征服了每個人的心──除了一個人，而且是最重要的一個──她的丈夫亨利二世。當時誰都知道，亨利真正心愛的女人不是她，是大他15歲的孀婦黛安。這是任何正常女人都受不了的，何況是一生好強的凱瑟琳？因此，進駐雪儂瑟堡後，她第一件事就是超越黛安。

凱瑟琳先在黛安築的橋上搭建兩層長樓，讓露天石橋變成長形接待廳，因為這是她的情敵所沒有的。緊接著，她督促農場工

　旺多姆之房。曹馥蘭／攝影

人加緊工作，讓地產更加賺錢；當時，雪儂瑟堡的葡萄園和蠶絲都很出名，後者還被稱作「皇后之衣」。

　　凱瑟琳時代的雪儂瑟堡和黑暗的巴黎有天壤之別，當時宗教改革的硝煙在歐陸瀰漫，法國周圍有強敵環伺，雪儂瑟堡成了攝政王后治國的舞台；城堡裡的宮廷宴會是進行政治協商與結盟的場所，從法蘭西斯二世的婚禮、查理九世的登基慶典，到16世紀最紙醉金迷的宴會都曾在這兒舉行。但儘管凱瑟琳的財務開始下滑，城堡因她的野心傷痕累累，她還是想超越黛安，在歇爾河對岸再興建一座更大的城堡。幸好最後這個大計劃還在畫板上沒有實現，否則城堡的風采將會被俗麗給吞噬。

　　凱瑟琳甚至在城堡的西邊開闢一座義大利風格的花園，和黛安的花園東西對望。在她的專用花園裡經常舉行奢華的宴會，凱瑟琳讓貴族婦女們打扮成男子，而女侍則幾乎不穿，這樣的歡宴即使在文藝復興時期的法國仍被視為奢侈浪費的行為，但凱瑟琳卻樂此不疲，最聲名狼藉的一次是連續五天的狂歡饗宴。據說當時夜間點上數千枝的蠟燭，珠寶和錦緞閃亮，琴音流瀉，國王穿蓬蓬裙扮成皇后，身旁五個男侍是受寵的「甜姊兒」……

　　1584年，迷亂的宮廷宴會終告結束，凱瑟琳離開雪儂瑟堡躲避瘟疫。1589年，她病逝於布洛瓦堡，將城堡傳給媳婦露意絲羅倫，法國新皇后。

癡情的王后──露意絲

　　城堡第三任主人這次以哀悼代替喜宴。那一年夏天，法王亨利三世被謀刺駕崩，他生前在最後的信中要露意絲在雪儂瑟堡等他，而癡情的皇后的確這麼做了，露意絲皇后守寡了15年，和凱瑟琳皇后的狂歡剛好相反。

露意絲總是穿著皇家的白色喪服，而歇爾河上的城堡則如同墳墓般的靜默。哀愁的露意絲將室內裝置得極為簡樸，她將房間的天花板漆成黑色，死亡的主題在黑白兩色間呈現出來，牆上刻滿了象徵痛苦的白色梅花，其他的鶴嘴鋤、荊棘等雕飾也像傷悲的淚水，露意絲把自己活埋起來，她似乎沉迷於自我放逐，但她為人慈善，因此僕人們還是尊稱她「雪儂瑟堡的白衣夫人」。

最後幾年，她沉浸於宗教，每天去教堂禱告四次，堡內於是充滿基督教色彩；她還夢想將雪儂瑟堡改成修道院，可惜這個願望無法在她有生之年實現。

銀行家的妻子——露意絲杜潘夫人

雪儂瑟堡的下一任主人較修女真實得多，她是法蘭西劇院紅伶的女兒、富有的銀行家妻子露意絲‧杜潘。杜潘夫人原本住在巴黎，但她非常喜歡秋季的都蘭，也因此雪儂瑟堡再度成為貴族出沒的地方。

由於杜潘夫人喜愛文學、戲劇、繪畫，經常邀請當代知名的思想家、文學家到雪儂瑟堡作客、寫作，如盧梭、孟德斯鳩、伏爾泰、瓦爾第、愛彌兒等，尤其盧梭還當過杜潘夫人的秘書。雪儂瑟堡儼然成為啟蒙運動的文藝沙龍。

然而，1782年，由於杜潘夫人富有的中產階級身份，遭到革命委員會揭發，象徵皇室的雪儂瑟堡被下令焚燬。正在危急時刻，一群都蘭地方的人擋住了軍隊，他們大喊：「你們不能燒了這座橋！它是附近唯一一通過歇爾河的橋！」當年黛安造的橋救了城堡，杜潘夫人獲得赦免。

雖然一些百合花徽被敲下，畫作和傢俱被革命烈火燒燬，但美麗的石質古堡和優雅的靈魂仍屹立不搖。1799年，恐怖時代結

束，在都蘭絢麗的秋天，杜潘夫人以93歲高齡逝世，家人依她的遺願葬在雪儂瑟的林地中。

末代女主人——貝路茲夫人

進入19世紀，雪儂瑟堡被繼承人賣給另一個富有的女士——貝路茲夫人。如同前面的六位主人，她愛上這裡，獻身於修復、重建、整理……等事務，於是大門口的雕刻女神及石柱被移到花園、第三任主人凱瑟琳所訂製的華麗裝飾被拆除……貝路茲夫人開始致力於類似的修復工程，接著，她又整修城堡結構，破損的天花板與窗戶恢復了從前的可愛與榮光。

由於恢復中世紀及文藝復興建築是當時的流行風，貝路茲夫人也十分熱衷，她的目標是要將雪儂瑟堡恢復到從前的優雅與簡樸，這當中，她散盡了所有的財富，甚至訴諸於借貸，也不在意高額的利息；為了喚起文藝復興精神，她和凱瑟琳一樣舉辦奢華的晚宴，甚至還找來義大利平底船在歇爾河稱篙。幾年下來，城堡雖美，貝路茲夫人也債台高築。但債主們對雪儂瑟堡表達了他們的敬意，法國土地銀行在1888年從「末代」夫人手中接管城堡。

今天，雪儂瑟堡再次自給自足。四季皆美的兩座花園，已不見兩個女人奪愛的烽火，法式庭園無與倫比的風格，傳達出「堡中之后」的驕傲。這顆「歇爾河之珠」仍屬私人財產，現為法國巧克力大亨曼尼埃所有，每年有成千上萬的觀光客來此分享它的雅致迷人——是受七位女主人的品味、聰明及才能吸引而來的。

　　1580年西班牙吞併葡萄牙，當里斯本幾乎所有地區都淪陷，唯獨聖喬治城堡依然不屈，為葡萄牙人抗敵歷史寫下感人光輝的一頁。

國魂長在

英勇的聖喬治王子

　　葡萄牙首都里斯本，位於太加斯河下游右岸，是全國的金融政治中心，也是最廣大的港口。西元前1200年，腓尼基人在此地建立城市，稱里斯本為「最佳的下錨處」，可見它航運地點的優勢。至今仍是一片繁榮的商港。

聖喬治城堡位於阿爾法馬地區的高台上，從這裡可以盡覽里斯本的優美風景。這城堡以前是葡萄牙王室的居城，目前改闢為城址公園，是葡萄牙最重要的歷史文物，也是旅客必到的景點。王瑤琴／攝影

經過里斯本的舊城區阿法瑪，然後穿過街陡坡斜的石板路往北走，即抵達山崖上的聖喬治堡。它是羅馬時代所建的要塞，並經摩爾人再加以修建，曾一度被當作王宮使用，是里斯本歷史最悠久的古蹟，登上城堡可盡覽里斯本的優美風景，尤其是落日黃昏的景色非常迷人。

1508年，西班牙軍隊入侵，當里斯本幾乎全部失陷之際，聖喬治王子率領一批軍民，苦守城堡作最後的抵抗，靠著城堡上一股泉水，竟然維持長達半年的慘烈戰鬥，最後城堡雖被攻破，卻留下一段令後人景仰的史篇。

如今這城堡已改闢為城址公園，而聖喬治王子的塑像，則英姿煥發地聳立在廣場上。每天熙來攘往的觀光人潮，似乎沖淡了從前那段慘痛的歷史傷痕。

航海者的心靈堡壘──貝倫塔（Torre de Belem）

沿著太加斯河畔往西行，在河口處有一座葡國藝術界公認為全國最漂亮的古建築──貝倫塔。貝倫塔說是塔，其實外形更像一座古堡。此塔興建於1515至1521年，是為頌揚開闢好望角航線的瓦斯科‧達‧伽馬的豐功偉蹟而建造的城塔。

葡萄牙可說是歐洲人對外殖民的先驅，十五世紀起即開始向外擴張。當時的國王曼努爾一世，世稱「幸運者曼努爾」，為了增加領土，擴大統治權力，積極鼓勵海外航行。因此一個個滿懷雄心的航海家，駕著一艘艘揚帆的巨船，遠渡重洋。他們曾經到達西印度群島，也向非洲和亞洲發展，使葡萄牙成為獨霸七海的海上超級強國，麥哲倫首次繞航世界，即在此時。而瓦斯科‧達‧伽馬開闢的印度航線則為葡萄牙帶來了豐厚的利潤。

曼努爾國王除了積極發展航海事業外，也酷愛藝術，喜歡以海洋

生活作爲主題雕塑在建築物上，並融合文藝復興哥德式及阿拉伯摩爾式的優點，呈現別具一格的建築形式。因此，貝倫塔造型優雅，雕刻細緻，被聯合國文教組織定爲世界文物遺跡之一。

整個建築由城堡及塔樓組成，城堡周圍共有七個瞭望台，雄糾糾氣昂昂地屹立在太加斯河畔，以固守海防及監視著來往於港口的船隻。下層是隱蔽的炮台，一見即知它是個堅強的要塞，像一個勇敢的將士，拿著武器守著城門，保護里斯本的安全。

最底層則是利用了潮水漲退而成的水牢，裡面曾監禁了一些不服從命令的貴族，陰沉而黑暗，更增加一分神秘的氣氛。

在貝倫塔側佇立著葡萄牙海上英雄們的航海紀念碑，紀念碑形狀就是一艘揚帆的巨船，而上面有先驅者恩力格和水手們在驚濤駭浪中同舟共濟的浮雕像，神態不一，但是勇敢和堅忍的毅力則表現在每一個臉上，栩栩如生，是葡萄牙一項偉大的藝術傑作。

從前，貝倫塔被航海者當作心靈寄託的堡壘；如今，滄海桑田，繁華不再，殖民帝國的光環已消失，但貝倫塔卻留給葡萄牙人無限的緬懷，祖先那縱橫七海、征服海洋的勇氣，正是他們的國魂，而貝倫塔就是國魂的象徵。

聖喬治堡原是羅馬時代的要塞，曾經是基督教徒征服伊斯蘭人的重要軍事據點。走進城堡，也走進葡萄牙和伊斯蘭的歷史中。陳怡菁／攝影
(http://www.ustar.cc/yinching)

貝倫塔造型優雅，雕刻細緻，擁有豐富的歷史價值，因此被聯合國文教
組織定為世界文物遺蹟之一。王瑤琴／攝影

瓦特堡雖然不是一座華麗的城堡，但其名氣並不遜於新天鵝堡，因為它是德國歷史的縮影，九百年來從未被摧毀或攻佔。許多名人如聖伊莉莎白及馬丁路德都曾在此居住。

馬丁路德
翻譯聖經的地方

詩歌傳頌的城堡

瓦特堡位在艾森納哈地區（Eisencah），因為地勢高聳，是極佳的防禦型城堡，並於1999年被聯合國教科學文組織列為保存史跡。

城堡始建於1067年，是最具日耳曼色彩的德國古堡。13世紀時，瓦特堡成為德國和波蘭的吟遊詩人聚集比賽的地方，也成為許多詩歌和故事傳頌的一座城堡，華格納的歌劇《唐璜》就是以瓦特堡做為戲劇的場景。

城堡內規劃了許多廳堂，包括可舉辦宴會的騎士廳、伊莉莎白居住的寢室、畫廊，以及馬丁路德的小書房。目前在這古堡內，還有一座世界聞名的五星級酒店，房間很小，但是非常舒適乾淨，使用的是山間的泉水。

著名的歷史事件

　　1517年萬靈節前夕，一場驚天動地的宗教改革運動在德國發生。由德國威丁堡大學聖經科教授馬丁路德（1483-1546）發動的宗教改革，產生了一個新的基督教教派，稱爲更正教派或新教。

　　新教的興起，使得原本於1054年分裂成羅馬公教（亦稱天主教）和東正教的基督教世界再次鬧分裂。自此，基督教世界三教鼎立，延續至今。

　　當年的改革者馬丁路德就在被教會判定有罪之後，一些有權有勢的朋友、支持者和同情者紛紛伸出援手。最後他們佯裝「綁架」馬丁路德，把他隱藏在瓦特堡。

　　在薩克森選帝侯腓特烈三世的保護下，馬丁路德在瓦特堡躲藏了一年，同時還把《聖經》翻譯成德文，讓普通老百姓也能看得懂《聖經》。這是這座城堡最著名的歷史事件。

德國大旅行家胡寶德（Humboldt Alexander V，1769~1859）曾說：「我覺得世界上最美麗的地方是薩爾斯堡、伊斯坦堡、那不勒斯（Naples，義大利北部以海灣風景著稱）。」而城堡是薩爾斯堡最顯著的地標，夜晚時分，在四周一片黑暗沈寂中，城堡映上白色的燈光，彷彿漂浮在半空中的夢幻城堡。

莫札特的故鄉

薩爾斯堡與莫札特

薩爾斯堡（salz-burg）由德文的鹽（salz）及城堡（burg）兩字合成，自古以鹽礦聞名，城郊有一個跨越奧德兩國，全球最大的鹽礦，舊城區有1500多年歷史，已被聯合國列為世界文化遺產，新城區亦有500多年歷史；雖然薩爾斯堡曾經因為政治與自然礦產不在，而跌入長達一世紀的沈睡。但是在出現了「莫札特」這位音樂神童後，再度引起世人的注意。現在前來薩爾斯堡，除了可以感受過去天主教與中古世紀統治的遺跡外，在這裡也充滿了莫札特所遺留下來的各種風情。

莫札特生於薩爾斯堡萊德

薩爾斯堡以莫札特的故鄉著稱。音樂神童莫札特的故居位於格特萊德街九號，這幢十五世紀的建築，終年門庭若市，人潮川流不息。王瑤琴／攝影

街九號，六歲時能作曲，十三歲時加入宮廷樂團；廿三歲時由於深感在薩爾斯堡遭到不平等的待遇，憤而遷居維也納繼續音樂生涯。

莫札特的音樂特色被形容爲：表現人性的高貴與尊嚴、生命的甜美和輝煌，使失望者感到鼓舞，憂傷者獲得安慰。在他自己窮得快發瘋時，他創作的音樂還是充滿了溫情與光輝。但在莫札特活著的時候，故鄉並沒有給他溫暖。1791年，他在維也納病逝時才三十五歲，一貧如洗，幾乎無以爲葬。幾個親友馬馬虎虎將他葬在維也納的貧民墳地。而他的音樂，卻一直使世人低迴嚮往不已。等到他的同鄉們，想將他的靈骨運回故土塋葬時，竟已無法找到他眞正的安息處。

爲了對他這一份歉疚，薩爾斯堡創設了莫札特音樂學院，並自

薩爾斯堡宛若童話中的夢幻之城，從古老的宗教勝地轉變爲今日的藝術之城。

1925年起，每年莫札特誕辰時舉行盛大的音樂節紀念他。維也納也有莫札特公園及莫札特雕像，紀念他帶給人們心靈的喜樂與和平，帶給祖國、故鄉的光榮。對薩爾斯堡而言，沒有莫札特的存在即沒有薩爾斯堡。

城市的象徵

薩爾斯堡是奧國第一個接受基督教洗禮的地方，從西元7世紀到19世紀初，一直都是大主教的自治領土，因此城內建有許多防禦性的城堡。霍恩薩爾斯城堡便是1077年時總主教布哈德為了抵禦巴伐利亞公爵的侵襲所興建的，因為它的戰略地位相當重要，掌握城堡的人等於控制了富裕的薩爾斯堡。

15、16世紀間，在匈牙利戰爭和農民起義的混亂狀態下，薩爾斯堡也被捲進其中，大主教們都退到城堡的保護之下。在此期間，城堡的主要建築被加高了一層，並建造了兵械庫。1425年，霍亨薩爾斯堡被巴伐利亞軍隊圍攻，幾乎斷了糧食，當地居

民就把一條肥碩的公牛抬在城堡上逛，使敵人相信城裡還有很豐富的存糧，由於這個計謀完全成功，因此有角的公牛就成為薩爾斯堡的幸運符。

霍亨薩爾斯城堡因為是歷代統治薩爾斯堡主教的住所，每一任大主教，多少都會為它改建裝飾，因此這座灰色的城堡是中歐地區保存

維也納市立公園的莫札特雕像。

得最完整的一座古城堡。目前所看到的霍亨薩爾斯城堡，大致是1500年重新修建的，在此之後，又曾經擴建過幾次。

城堡內留有許多中古時期的文物，例如博格博物館所收藏的許多中世紀的美術品，以及薩爾斯堡當地所製造的木雕品、刀劍、長矛等。然而這古堡最吸引參觀者的卻是古代的刑房，今日刑房中仍保留著當時刑求囚犯的刑具，包括手銬、腳鐐、烤炙用的火爐，以及牆壁上拴人的鐵鍊。這些都是帝國時代所留下最好的歷史見證。

在霍亨薩爾斯城堡的城堡下，有一座融合了羅馬、哥德、巴洛克三種建築樣式的聖彼得教堂，是奧地利最古老、最有名的教堂之一。據說莫札特少時經常在此徘徊，尋尋覓覓，其〈聖樂曲三〉，及〈彌撒曲九〉均在這教堂內完成的。

教堂內擁有許多墓地，稱爲聖彼得墓園。墓穴的型式又可分爲兩種，一種是沿著山壁所建立的墳窟，另外一種則是埋在地面上。墓場附近還有一座歷史悠久的濃貝魯克女修道院，建立於西元六百年。

多情大主教獻給情人的堡宮

在薩爾斯堡歷任大主教中，最富有傳奇色彩的是沃爾夫・迪特利西，1587年，這位在羅馬接受教育的年輕主教上任後，雄心萬丈地誓願要將薩爾斯堡打造成「北方的羅馬」，此時恰好一場大火將舊市區燒燬，沃爾夫順勢大展鴻圖，他自義大利延請一批深諳文藝復興風格的建築師，要蓋一座比羅馬聖彼得教堂更宏偉的教堂。最後他的心願達成了，薩爾斯堡舊城區充滿了宏偉華麗的教堂。

但是應該清心寡欲的沃爾夫，卻愛上了絕代佳人莎樂美，兩人譜出了一段轟轟烈烈的戀曲。1606年，沃爾夫爲自己的情人建造了一座城堡——阿爾特瑙堡。有著阿波羅、邱比特、戴安娜、維納斯等諸多人物雕像的堡宮是按照希臘神話建造的，周邊並設有迷宮花園，巴洛

克博物館和自然劇場等。

　　對於外界的批評，沃爾夫完全不予理會，笑罵由人，他和莎樂美在此渡過一段甜蜜幸福的日子，後來莎樂美爲大主教生了十五個孩子，其中十個活了下來。不過沃爾夫的奢靡終於在1612年遭到宗教法庭免職，而後被關在要塞中直到去世。

　　沃爾夫死後其繼任者將「阿爾特瑙堡」改名爲「米拉貝爾宮殿」，但宮殿中有一大部份在1818年的大火嚴重損壞，現在的建

築多是後來重建的，宮殿裡有號稱全世界最美麗的婚禮大廳，過去曾經是莫札特爲主教表演的地方。

真善美的城堡

來到薩爾斯堡的人，除了尋訪莫札特的故里外，心中最嚮往的便是《眞善美》電影主題曲播放時，銀幕中出現的那一片綠油油的青草地；當最後女主角瑪麗亞和男主角在蒙特湖畔的教堂舉行婚禮時，大家更是被銀幕上優美的畫面所深深感動。

這段美麗動人的電影情節，便是發生在薩爾斯堡東面的札爾堪瑪古多高地。「札爾堪瑪古多」是從薩爾斯堡向東展開的一片扇形高地，大約有五百至八百公尺高。當地的風景古樸自然，有高山、溫泉、村落，以及許多夢幻般的湖泊，而蒙特湖就是首當其衝的第一座湖泊。

一般的遊客若想遨遊這塊素有「東方湖泊」之稱的札爾堪瑪古多高地，大多是從薩爾斯堡向東出發，踏上奧地利古代的「鹽路」。沿路走下去，首先看到的便是銀幕中的蒙特湖。湖中的小島上有一座白色的小城堡——雷翁波德洛克恩宮（Schloss Leopoldskron），四周碧綠的湖水將它烘托而出，猶如一座飄浮在湖面的水晶宮。湖畔有一座長橋直接通往城堡之中，遊客可由此進入這夢幻般的城堡。

這座城堡建於1736到1744年間，係奉大主教之命，由聖本篤會教士興建，內部有游泳池等娛樂設施，在湖畔的散步道漫步可是一大享受呢！

雷翁波德洛克恩宮猶如一座飄浮在湖面的水晶宮。湖畔有一座長橋直接通往城堡之中，遊客可由此進入這夢幻般的城堡。王瑤琴／攝影

十六世紀初，改革運動領袖波尼法被當時契隆城領主逮捕，關入地牢中，並綁在石柱上達四年之久。十八世紀末，詩人拜倫來到契隆城堡便以波尼法這段悲慘的故事，寫成著名的長詩《契隆城的囚人》，契隆城堡也因此聲名大噪！

拜倫的悲歌

名人與蒙特勒

契隆城堡座落的蕾夢湖區，成半月形，橫跨瑞、法兩境。它平靜的湖水背襯著滿佈葡萄園的山丘，以及美麗如畫的村莊，勾勒出一條美麗的湖岸線，其中小城蒙特勒是最美的一個。瑞士之所以成為國際性旅遊國家，蒙特勒有著非常重要的作用，可以說，它是瑞士旅遊業的發祥地。

十八世紀後期到十九世紀間，在英國貴族中間流行到瑞士旅行，據說那個時期的英國人最中意湖光山色、陽光普照的瑞士。的確，相較於他們所居住的陰冷多雨的英倫，這裡無疑是人間仙境。每到休假期間，英國貴族們先湧到日內瓦，然後在平地上乘馬車，在山路上騎驢，花上一天時間來到這個蕾夢湖畔氣候和景色最好的地方。

於是，英王維多利亞來了，文人墨客如伏爾泰、盧梭、拜倫、雪萊和雨果流連忘返；法國時尚代表香奈爾的創始人CoCo Chanel當時也常光臨此地；而1956年，卓別林在蕾夢湖邊製作了他的第七十九部電影《紐約之王》，此後他就一直定居在這裡，直到88歲那年平靜的告別人世。他在自傳中曾描述在這裡的日子：「沉醉在這分靜謐的幸福中，我常獨自坐在夕陽下的陽台上，眼光越過翠綠的草坪，望向

遠方的湖泊和更遠處悠遠的群山。在此時，我什麼也不想，只一心享受著眼前這份雄偉的靜謐。」由此可見蒙特勒的魅力。

由於氣候清爽溫和，城區內山明水秀，奇峰迭起，遍地澗泉，因此現今的蒙特勒，已成了世界聞名的休養勝地，此地每年夏季，有盛大的爵士節，眾多爵士樂隊、歌手齊集蒙特勒，湖畔樂聲，熱鬧非凡。

浪漫哀愁的城堡

夢湖岸東南寧靜的湖濱大道上，種滿了月桂樹、木蓮和棕櫚。在突出入湖內的一塊大岩石上，座落的是全瑞士最有名的契隆城堡。古時這裡是羅馬帝國與其北方屬地之間的水陸要衝，自那時起建有要塞。到了十三世紀時錫昂主教將它改建為城堡，歷代契隆的地方領主便住在此城中。

十六世紀時，宗教改革之風由日內瓦傳向四方，但橫遭壓制，改革運動的領袖波尼法被當時的契隆領主逮捕，關入此城堡的地牢中長達四年。十八世紀末，英國浪漫詩人拜倫來到了契隆城，他當時正因流亡國外，內心痛苦不堪，於是便以此段悲慘的故事，加上自己的心情，寫下了感人肺腑的長詩〈契隆城堡的囚人〉。這首詩發表後，在歐洲引起了極大的迴響，蕾夢湖畔這座陰鬱的契隆城堡也因此名聞遐邇。

拜倫在蕾夢湖住了一段頗長的時間，寫下了許多不朽名作，但仍以〈契隆城堡的囚人〉最著名。蕾夢湖澄藍的湖水，到此處彷彿也被染了一層哀愁，沉沉地拍向堡下的岩石，漾蕩著悲劇的氣氛。

浪漫哀愁的契隆城堡讓拜倫寫下著名的長詩《契隆城的囚人》。林建穎攝影

1187年，阿拉伯英雄薩拉丁從各地調集二萬阿拉伯聯軍，在薩拉丁城堡發出了「真主偉大，把法蘭克人趕出耶路撒冷」的號召，揭開「聖戰」的序幕。

大漠英雄

英雄崛起

在埃及首都開羅東郊姆卡達牡山丘上，有一座規模宏大的城堡，這是由戰勝十字軍的阿拉伯英雄薩拉丁（Salah al-Din）於1176年至1182年建造完成，其後經過不斷的擴建與修飾，成為埃及歷任統治者的府邸及行政中心。

自西元640年起，埃及由阿拉伯伊斯蘭帝國佔領，結束了古希臘羅馬帝國近千年的統治，埃及被逐漸「阿拉伯伊斯蘭化」。在十世紀期間，埃及在法蒂瑪王朝的統治下，國勢強盛，疆域廣大，它包括了阿拉伯半島及小亞細亞部分，影響了羅馬教皇的基督教的東擴，甚至連基督教教徒到聖城耶路撒冷朝聖都遇到困難，因此引發了為期200年的八次十字軍「聖戰」。

1168年，十字軍耶路撒冷國王阿馬利克率兵進攻埃及。應埃及的請求，贊吉王朝派出施爾科和薩拉丁叔侄馳援。事實上，當時的贊吉王朝牢牢地控制著伊拉克北部和敘利亞，它最主要的敵人就是控制著巴勒斯坦沿海地區的基督教十字軍和以埃及為中心、奉什葉派為國教的法蒂瑪王朝。

　　但年輕的薩拉丁（1138-1193）為了要在埃及恢復遜尼教派的統治，以及推進對十字軍的聖戰，接受了贊吉王朝蘇丹的派遣，跟隨自己的叔父出征埃及，並獲得勝利。兩個月後，叔父暴斃身亡，他所率領的敘利亞軍隊陷入混亂之中。最後法蒂瑪王朝選擇了薩拉丁繼任統帥。

　　1171年，薩拉丁在埃及站穩腳跟，開始籌劃改變埃及什葉派為主導者的局面。他將什葉派的法官換成遜尼派，清除埃及本地的將領，並在開羅的清真寺裡開始講道，以及舉行了盛大的閱兵，當時共有147個方陣接受檢閱，盛況空前，沒有一個伊斯蘭的國王擁有可與之匹敵的軍隊。不久，法蒂瑪王朝的末代王病逝，法蒂瑪王朝就此終結。薩拉丁於是建立了阿尤布王朝，自任第一任「蘇丹」，建薩拉丁城堡並把王宮搬了進去，成為抗擊十字軍的領袖。

收復聖城

1182年，薩拉丁精心構築的城堡剛剛竣工不久，他便將它交給了侄兒，自己領兵穿越尼羅河三角洲和西奈半島北部沙漠，前去抗擊東侵的十字軍。

1187年，薩拉丁集結力量進攻十字軍中最強的耶路撒冷王國。大戰首日，薩拉丁在太巴列湖西岸附近的赫澱包圍了十字軍。阿拉伯軍隊點燃十字軍營地周圍的灌木叢，濃煙燻得十字軍喘不過氣來。十字軍沒有水喝，極度乾渴，太巴列湖雖然近在咫尺，但是他們卻無法衝破阿拉伯軍隊的包圍。在盛夏的酷熱中，大批十字軍戰士渴死和熱死。

三天後的清晨，十字軍將領雷蒙率領騎士衝鋒突圍，薩拉丁命令軍隊留出一條縫隙，讓他們逃走，然後再合圍，將全部耶路撒冷步兵包圍起來。最後，耶路撒冷的十字軍幾乎被殲滅。

經過十三天的圍攻，耶路撒冷投降。薩拉丁選在登霄節這一天進入耶路撒冷，以紀念先知穆罕默德在耶路撒冷登霄。

與八十八年前十字軍攻克耶路撒冷時大開殺戒形成鮮明的對比，薩拉丁進入耶路撒冷沒有殺一個人，沒有燒一棟房子，甚且宣布釋放所有戰俘，不要一分贖金。連有人向他建議拆毀耶路撒冷的聖墓大教堂，他都沒有同意。相反地，他將耶路撒冷的聖地向所有宗教開放。

有騎士精神的伊斯蘭英雄

薩拉丁佔領耶路撒冷的消息震動了歐洲，教皇烏爾班三世聞訊後驚愕得心臟停止了跳動。繼任教皇登高一呼，十字軍的熱情再次被激發起來，德意志皇帝「紅鬍子」弗里德里希、英格蘭國王「獅心王」理查、法蘭西國王菲力浦發動了第三次十字軍東征。

這次，十字軍將主攻目標選在阿卡。1191年，理查抵達阿卡，對阿卡展開圍攻，他們建造了3座巨大的移動攻城塔，用拋石機攻城。雖然從貝魯特趕來了大批回教支援艦隊，但卻在途中被理查的大帆船擊沉。不到幾個月，阿卡守軍投降。由於俘虜交不出20萬金幣的贖金，理查命令將2700名戰俘全部斬首。

儘管查理如此殘酷，1192年在雅法大戰的戰場上，他的馬摔倒在地，具有騎士風度的薩拉丁還是讓弟弟給他送去兩匹好馬；大戰之後，薩拉丁和理查都病倒了，但薩拉丁還是派了醫生為自己的死對頭理查診治。

戰況膠著難分勝負，雙方最後簽訂和約，明訂阿拉伯人佔有巴勒斯坦內地，基督教徒佔有海岸，耶路撒冷向朝觀的基督教徒開放。理查隨即離開巴勒斯坦回國，5年後，在一次戰役中受了重傷，於運回曦儂城堡途中去世。薩拉丁也跟理查一樣，離開他鍾愛的城堡之後就再也沒有回來。1193年，他在大馬士革身染黃熱病不治，享年56歲。

薩拉丁不僅是伊斯蘭的英雄，在西方也被視為騎士精神的楷模，為了紀念這位浪漫的英雄，普魯士皇帝為大馬士革薩拉丁墓贈送了一座大理石棺。

開羅的「大城堡」

堅固如初的薩拉丁城堡如今與1961年興建的開羅塔是開羅市區的標誌性建築。這兩處時間相隔八百年的風格各異的建築，見證了不同時期埃及的興旺和衰落。

現今的薩拉丁城堡被當地人稱為「大城堡」（Citadel），城堡裡設有四座回教清真寺及五間博物館，最著名的是穆罕默德·阿里清真寺，從1830至1848年建成，正殿的支柱及牆壁都使用美麗的蠟石，故也有人稱它為「蠟石清真寺」。

亞瑟王的神秘城堡被稱為卡默若特。著名的圓桌武士就是從這兒出發尋找聖杯。

亞瑟王與圓桌武士

亞瑟王傳奇

大批的日耳曼族盎格魯撒克遜人，從第五世紀開始紛紛移居英國，將更早期的塞爾特人，驅至威爾斯西部的山區，他們曾奮勇起而戰鬥，其中以亞瑟王（King Arthur）和他所統率的圓桌武士（Knights of the Round Table），是英國人家喻戶曉的傳奇故事，也是西方文學、電影中常見的作品之一。

事實上，英國史家到今天仍不確定亞瑟王到底是不是真實的歷史人物，還是只是個傳說中的英雄，但即使如此，亞瑟王仍活在一代又一代的英國人心中。

據文獻記載，亞瑟可能是五世紀末葉威爾斯地區的國王。在他年幼時，因為有人意圖謀殺，父親便將他託付給朋友魔法師梅林保護。梅林於是將亞瑟交給一名富有的騎士，亞瑟在成長的過程中，一直以為這名騎士便是他的親生父親。

當時局勢混亂，羅馬帝國已經滅亡，各地的領主則交相征戰。因此坎特伯里大主教召集所有的領導騎士到教堂前來，在那裡放了一塊插著劍的巨石，上面寫著「能將劍從石中拔出的人，

將成爲英格蘭之王」。

　　所有騎士都想成爲王，連最高大強壯的騎士都試過拔劍，但無人能動其分毫。然而年輕的亞瑟卻輕而易舉地把劍從石中拔出。從這一刻起，亞瑟王就成爲傳奇，

許多騎士立即在他面前跪下，並奉他爲王。

　　不久，亞瑟王便開始四處征戰，而英格蘭也再度成爲安居樂土。亞瑟王建造了一座大城堡，將之命名爲卡默洛特城堡，並在宮內擺了一個梅林贈送的大圓桌。

　　後來亞瑟王召集了境內最偉大的騎士，組成圓桌武士，彼此地位。他們會齊聚在圓桌，用餐前，每人都必須說一個大膽的探險經歷。而其中最了不起的探險便是尋找聖杯──也就是耶穌在最後的晚餐中所用的杯子。

　　亞瑟王的劍在一次探險之旅中斷裂了，他和梅林一同前往一座湖，主掌這座湖的精靈，送他一把劍，而後亞瑟王就憑這把劍贏得許多場戰役。然而，並非所有傳奇都有圓滿的結局。故事發展到後來，亞瑟王雖然最後娶了桂妮薇亞公主，但是桂妮薇亞卻愛上了亞瑟最寵信的騎士蘭斯洛爵士。當他的侄子莫德雷德將此事告訴他後，亞瑟不能容忍騎士的背叛，於是將王后託交莫德雷德保護，自己率軍追殺蘭斯洛到法國。但他一離開京城，莫德雷德竟然自立爲王，並企圖佔有王后，亞瑟王聞訊趕回，和叛軍激戰，亞瑟親手殺了莫德雷德，但莫德雷德卻也重傷了亞瑟。

最後亞瑟王被送到英雄之地──亞法隆島（Avalon）後死去，神劍被丟回湖中。有人說亞瑟也是長眠在這座湖中，等到未來英格蘭需要一位新的英雄，新的英王時，他將會再回來。

傳說中的神秘城堡

關於亞瑟王的卡默若特城堡，不列顛境內有幾座古堡被推測可能是這座神秘城堡的遺址：

西元830年，著有《不列顛歷史》的歷史家Geoffrey Nennius認為這個地方應該是威爾斯的卡利恩城堡（Caerleon）。此堡原本是個位於小山堆上的木塔，周圍有壕溝圍繞。後來木塔改由堅固的石塔取代，並增加寬闊的圍牆。位於石牆後的小山堆（或墓塚）遺跡至今仍在。

而離此地不遠的朋布洛克郡，有個因蓮花池和沼地聞名的波雪（Bosherton），有人認為亞瑟王的石中劍便是出自於這沼池。

另外，康瓦爾的廷塔傑爾城堡（Tintagel）也被認為是可能的地點。它是英國少數未遭破壞的歷史地方，也是英國整個西南方特別美麗的地方。由於它位於具有震撼力和最浪漫的海岸線，因此常被當作亞瑟王和圓桌武士故事發生的地點。目前廷塔傑爾城堡正受國際信託所保護。

至於劃在索美塞得郡（Somerset）的格拉斯頓貝利（Glastonbury）山丘自古以來就富有最多的亞瑟王傳奇。據考古學家探測，這塊山丘在古代被沼澤環繞，西元五、六世紀時，也確實存在有一座堡壘──凱德伯里城堡（Cadbury），而根據傳說，亞瑟王就是葬在這座山丘下。

由於亞瑟王葬在此山丘的說法越來越流傳，而且有預言指出，亞瑟王的墓碑刻有：「亞瑟王長眠於此，一度為王，未來也

將爲王。」因此在十二世紀，當時的國王亨利二世下令挖掘格拉斯頓貝利山丘，想要尋找亞瑟王之墓；據說在格拉斯頓貝利上的一座古老修道院卻突然起火，修道院全毀，僅存兩根石柱，而在石柱間，人們發現了一座古墳，墓碑上面寫著「名聲顯赫的亞瑟王長眠於此亞法隆島」。工人並在地底挖出一個棺木，棺中有一具男子遺骸。此後這座建於六世紀的羅馬天主教修道院廢墟，就成爲人們追尋亞瑟王遺跡的所在。

格拉斯頓貝利一直是塊充滿神話傳說的土地，有人說把棺材給了耶穌的約瑟夫，在耶穌受難後，帶著聖杯從耶路撒冷到不列顛傳教；約瑟夫一路來到在格拉斯頓貝利山丘，並在山腳下發現了一處甘美的泉源，即今日的查理井（Chalice Well）。人們深信這裡的水能治癒百病，因爲盛傳約瑟夫就是把聖杯埋在井底。也許因爲如此，到處尋找聖杯的亞瑟王才會逝世於此吧？

>> 延 伸 閱 讀

城堡捍衛者——騎士

- 歐洲中世紀是一個戰亂的社會，貴族常因小事爭執，或為私利作戰，他們的子弟也多數從小就練武。一位貴族子弟經過十餘年的苦練，對各種武器的使用已經熟練；當他年滿二十一歲時，就由教會封為騎士。在封授典禮中，騎士必須宣誓服從教會、效忠教會、扶助冤屈的人、保護弱者等。誓言裡表現遇來的行為，通常就被稱為「騎士精神」。假如一位騎士不遵守誓言，或表現懦弱，會被宣佈不配當騎士。他的所有武器將被銷毀，而任人踐踏，在受人侮辱後，他又被放在擔架上，用黑巾蓋住，抬進教堂。在教堂中有人為他唸祈禱文，表示他的騎士身份已經死去，從此永遠喪失騎士資格。

chapter 2
失落的皇家軼事

皇家光燦的外表，

城堡華麗壯闊的氣勢，

掩不去記載歷歷的白紙黑字

光明之下，

是一段段幽暗……

　　1699年，奧地利親王列支登斯敦用少數一筆錢向領主賀恩內姆伯爵買下一半國土，1719年再買下另一半，以後列支登斯敦成爲一個完整的國家，而且歷經三百年，走過了拿破崙、希特勒的動亂年代，至今子孫還安穩地一代接一代當他們的國王，受到民眾的愛戴。列支登斯敦城堡眞可謂最划算的投資！

最高明的投資

富裕的迷你小公國

　　歐洲人常用一個比喻形容列支登斯敦，說，如果你坐火車，在瑞士邊境點起一隻香煙，等火車穿越列支登斯敦，到達奧地利的時候，手上的香煙還沒有燃完。這個位在瑞士與奧地利交界處的迷你小公國，全國僅有三萬國民、一百六十平方公里的國土，算算不到台北市的五分之三。

　　列支敦士登地方雖小，但國土東南面崎嶇起伏的山麓，屬於「阿爾卑斯山系」。山頂終年披覆皚皚白雪，西部則是「萊茵河沖積平原」。國境內中古城堡、萊茵美景，葡萄園，恬靜、富裕，國民所得每人每年高達三萬四千多美元，是世界數一數二的富裕國家。

　　列支敦士敦無論在地形、氣候、人民和風俗上都與瑞士毫無兩樣，甚至關稅、外交也都委由瑞士代理。但若有人將它視爲瑞士的一部份，它那由十五名議員所組成的袖珍國會卻要大加抗議了。

　　在第一次世界大戰之前，列支登斯敦原是奧地利的屬國，待奧國戰敗，屬國分裂，列支登斯敦乘機而起，在1918年由國會對外宣佈獨立自主，正成爲世界舞臺上的袖珍小國。1924年它又和瑞士締

結完全關稅同盟，並跟隨瑞士的外交政策，宣佈永久中立。1939年，列支登斯敦國最後的一名老兵逝於自己家中，從此，列支登斯敦國內再也沒有一個士兵。

列支登斯敦除了沒有任何軍備之外，仍是一個組織完備的民主立憲小侯國。國王為世襲制，對外代表國家，但與英國王室一樣沒有實權。政府組織是內閣制，由四人組閣；立法機構則是十五名議員組成。這些國家要員每週要召開一次國務會議，討論國家大事。這個政府雖袖珍，但對國家主權極為重視，對內政也絲毫不馬虎，他們設有非常完善的司法制度，但因國內人少富裕，因此沒有失業問題，也沒有貧民窟，犯罪事件也很少。

真正「君臨天下」的國王城堡

瓦都茲是列支登斯敦的首都，然而全市人口僅四千多人，整個市區只有一條大街，所有重要建築物都在這條大街上，國王的城堡建在凸出山腰的削壁上，臨崖而立，崖下便是市街。據說站在這城堡上，便能將列支登斯敦全境一覽無遺，住在堡中的國王真可謂是「君臨天下」了！

瓦都茲雖是如此不起眼，但倒也是麻雀雖小五臟俱全，除了國王的皇宮城堡以外，國會、法院也都在此地。城內還設有大飯店，許多歐洲富豪、王孫都喜歡來此度過悠閒的晚年，因此飯店常處於客滿狀態。此外，城堡內的王室美術館，也藏有珍貴的藝術品，更是舉世聞名。不但有畫家魯本斯（Rubens）、范迪克（Van Dyks）的繪畫，並收藏了許多古代的錢幣，有自西元300年起至今所製的金幣，按年代順序排列，共有好幾千枚。

列支登斯敦人愛好音樂，每個村落都有小型樂隊，瓦都茲自然也有一個鎮民所組的市立樂團。他們每週演奏一次，市民們都站著聽，也常和著樂聲唱起古老的民謠。阿爾卑斯山中，清歌迴蕩，列支登斯敦城堡便是如此舒適快意的風情。

神聖羅馬帝國皇帝查理四世共有五頂象徵王權的皇冠，其中一頂據說還鑲有耶穌受難荊冠的刺，爲了這些皇冠和無數的金銀珠寶，他特別興建了卡爾斯戴因城堡加以保護。

*藏寶*的地方

都是為了王位

卡爾斯戴因城堡位於布拉格西南卅五公里一處山間小鎮的山頭，是波希米亞最有名的神聖羅馬帝國皇帝查理四世所建造。十九世紀頹敗後，近年才重新整建開放。

在查理四世出生以前，歐洲的局勢非常混亂，諸國看準了波希米亞王國沒有王子可繼承王位，都虎視眈眈地計劃瓜分波希米亞。後來盧森堡王子約翰娶了波希米亞公主，當上了波希米亞國王，生下查理四世。他的父親怕這個王位繼承人遭遇不測，便將剛出生的查理四世連夜帶到巴黎撫養。

王子在法國的老師是當時的主教克萊門德六世，在他的協助下，查理四世終於在1355年到羅馬加冕，當上神聖羅馬帝國皇帝。於是查理四世身上一共有代表日耳曼、波希米亞王位，以及神聖羅馬帝國的五頂皇冠，爲了保護這些皇冠，他下令興建卡爾斯戴因城堡。

卡爾斯戴因城堡雄踞在海拔一百多公尺的山巖上，四周陡峭的岩壁，和附近五個山頭形成一道天然的銅牆鐵壁，嚴密防守任何外來敵人。凡進城者都需要經過三道柵門，最後還有一個吊橋。因此，自古以來，卡爾斯戴因城堡雖然歷經多次兵災，但從未被攻破。

儘管如此，當初的設計者仍然做好了完整的軍事規劃。對查理而言，他自認是羅馬的繼承人，在他的心目中，這座城堡就是他將來的羅馬，也是歐洲的新中心，因此他還要求在城堡內建造數座高塔，每座塔都有其象徵的神聖性。這些獨立的高塔也有軍事上的考量，塔與塔之間都以木橋相連通，一旦某一棟建築被敵人攻陷了，守軍可以立刻將木橋拆除，繼續負嵎抵抗。

　　事實上，卡爾斯戴因堡也確實不曾失陷過，由此可見這個城堡在軍事設計上的成功。

靈異傳說

　　卡爾斯戴因城堡裡還建有大大小小的教堂，據說是因為查理出生後不曾見過母親，因此聖母就是他最大的安慰，藉著宗教的力量來彌補心靈的缺憾。不過，篤信基督的查理其實並不悲憫，對於異教徒，他會毫不猶豫地祭出宗教法庭，再施以火刑燒死；對於屬下，他更是陰沉恐怖地對待，據說他在城堡中的會議室開會時，都是背光而坐，強光讓屬下幾乎看不到他臉上的表情，而陰影中的查理一言不發地聽著貴族們的報告，手上卻不停地用利刃一刀一刀緩緩地削著木頭，讓每一個與會者不寒而慄。

　　此堡還有另一則讓人膽顫的傳說：據說曾經有一位城堡行政官的妻子生性凶殘，她一共在城堡內謀殺了十四名女僕，最後這個惡女事跡敗露後被活活餓死。直到現在，城堡內還有鬼魂的傳說，只是有人說是冤死的女鬼，也有人說是跋扈的惡鬼作祟。

　　現今城堡展覽室仍展有一頂皇冠，據說皇冠上的珠寶，代表耶穌受難時荊冠的刺。皇冠旁還有一個鱷魚頭，據說是查理四世獵殺的，由於當時的人都不曾看過鱷魚，查理四世便以為自己像聖喬治一樣殺的是一條龍，還特地風乾保存，作為紀念。

如果說白金漢宮、西敏寺載滿了英國榮耀光輝的歷史，那麼倫敦塔便可說是英國灰黯血腥的歷史舞臺。在成者為王、敗者為寇的深宮秘辛中，有的戴上光芒四射的冠冕君臨天下，有的卻送上斷頭臺，命絕倫敦塔。

英國的守護者

倫敦塔最早的建築——白塔（The White Tower）

矗立於泰晤士河北岸的倫敦塔，實際上並不是單一的高塔，而是由十幾座堡壘疊砌交錯而成。

西元1066年，當英國內的兩個不同種族——諾曼人和薩克遜人在爭戰時，當時已經征服大部分英格蘭的國王——征服者威廉一世（William the Conqueror）為了要討伐躲到倫敦城內的薩克遜人，於是利用了在泰晤士河附近羅馬時代留下來的遺跡，擴建成了一些堡壘要塞，藉此長期駐軍來對倫敦城民施壓。

1087年，威廉二世繼位，採用從法國北部運來的巨大褐黃色石灰石及英國肯特郡的淺灰石砌建，大約在1097年完工，即今日的白塔。此後的九百年間，歷代國王均持續擴建，到最後終於構成一座包含內外兩層城牆、大小二十二座堡壘及宮室的「倫敦塔」。然而，這座城牆堅厚的城堡，卻從未在戰爭中派上用場，而一直是英國王室的居所、寶庫、軍械糧秣庫和拘囚政

治犯的監獄、刑場，每個塔都有它們的故事和用途。

現今的「白塔」是英國國家兵工器和倫敦塔博物館，除了展覽英國兵器、鋼盔等作戰器具外，還有拷問行刑的用具，其中有一把不知砍過多少人頭的巨斧，最後一次使用是在1747年。據說當時的犯人是一位體重270磅的伯爵，因為體胖脖子粗，行刑之前還和劊子手研究如何乾淨俐落地一刀兩斷，他那視死如歸的勇氣感動了喬治二世國王，後來下令廢除了斷頭台。

位於塔內的聖約翰禮拜堂，是倫敦塔內僅存的中世紀原始建築物，也是倫敦現存最古老的教堂。

倫敦塔的角色錯綜複雜，它曾是國王的避難所、護守河岸的要塞、也是關押政
治犯的監獄、神秘的刑場，還是軍械庫、鑄幣廠、珍寶庫……等。卜征／攝影

發生血腥篡位的血塔（Bloody Tower）

　　血塔原名「花園塔」，因王室的血腥篡位改稱為「血塔」。

　　1483年，打贏「薔薇之戰」的愛德華四世病死，年僅十二歲的愛德華五世繼位為王。兩個月後，擔任攝政的叔父葛羅斯托意圖篡位，竟狠心地將幼王和他十歲的弟弟約克小王子幽禁在倫敦塔，從此就沒有人再見到兩兄弟。不久，葛羅斯托藉口國王失蹤，於同年七月自立為王，稱理查三世。

　　近二百年後的1674年，整修古堡的工人，在通往聖約翰教堂的樓梯下面幽暗處，發現一只陳舊的箱子，裡面赫然發現兩具少

倫敦塔是一座有900年歷史的城堡。它從未被外來軍隊和反叛者侵略過，
成功地捍衛了英國王室。卜征／攝影

年的骨骸，據推斷就是當年神秘失蹤的愛德華五世兄弟！史學家也堆論，他們的叔父理查三世是兇手，從此這座花園塔被改稱爲血塔。

據說，兩位小王子的靈魂，至今還不甘心的在塔內徘徊，每當午夜時刻，他們會痛苦而無助的哭泣，向世人傾訴他們的悲劇。

夜半冤魂遊走的綠塔（Tower of Green）

在西南邊「皇后屋」前面的草地上，是一處砍頭的刑場。處死刑的囚犯，通常都要押到倫敦塔北邊的塔丘上砍頭；但是，對於特殊的王族或貴婦人，則特別安置在此地行刑，直到1747年，此王族刑場才廢除，歷時359年。結過六次婚的亨利八世的兩任王后都在此香消玉殞。

亨利八世於父王亨利七世病逝後即繼承王位，本來王位的繼承人是他的哥哥亞瑟王子，但亞瑟早於1502年病逝，兄嫂凱薩琳遂改嫁亨利。凱薩琳生有一女瑪麗，但亨利總盼望有子嗣繼承都鐸王朝。

1527年，亨利愛上從小生長在法國宮殿的安妮‧寶琳（Anne Boleyn），十九歲的安妮姿色極為迷人，而凱薩琳王后已四十三歲無望再生兒子，亨利便決定立安妮為后，於是向羅馬教皇請求離婚；然而凱薩琳皇后二姊的兒子查理五世（西班牙國王兼神聖羅馬帝國皇帝）正以大軍壓境義大利，教皇處境困難，便以教會規定不准離婚為由予以拖延。

亨利八世想了許多曲折的辦法，最後引用《聖經》的話，說明與兄嫂結婚就要受到詛咒而沒有子嗣，則亨利八世將失去王朝延續的可能，加上此時安妮懷了孕（這就是後來的伊莉莎白一世女王），因此終於在法院獲得勝訴，判決與凱薩琳的婚姻無效，而在1533年與安妮結婚。

現今的「白塔」是英國國家兵工器和倫敦塔博物館，除了展覽英國兵器、鋼盔等作戰器具外，還有拷問行刑的用具，其中有一把不知砍過多少人頭的巨斧。卜征／攝影

但沒有多久，安妮就被誣陷通姦，關進綠塔後隨即上了斷頭臺，傳說她蒙冤的幽魂迄今還會在深夜出現此塔。隔了十餘年，亨利八世的第五任王后凱薩琳‧霍華德（Catherine Howard）對亨利八世不忠，亦被下令處死，之後就傳說有人看見她在長廊上奔跑哭泣的背影。

囚禁伊莉莎白女王的鐘塔（Bell Tower）

「叛徒門」（Traitor's Gate）是南邊入口的一道水閘，原本用來保護塔的入口，因為所有重要政治犯都從這門進入塔中，故得此名。當時的犯人通過此門，千斤重的閘門一經關上，幾乎就註定無法再重見天日。位於西側角落的鐘塔，是一座圓形堅固的牢房，囚禁過許多歷史上的重要人物。

話說亨利八世因離婚事件槓上教廷後，事情並未就此了結，由於當時教會的財產幾乎佔有全英國的三分之一，高級教士貪婪腐敗，邪惡誇張，還經常向人民苛捐雜稅，最後亨利終於發動反擊，經過國會於1534年通過「至高權法規」，強調英國為一主權國家，不受外國（當然包括羅馬教皇）法權控制，並宣稱國王是英國教會的最高首領。當時的主教費希爾隨即被關進鐘塔，接著連同另外八名僧侶，和《烏托邦》的作者湯瑪斯‧摩爾，都被以叛國罪——惡意否認國王——砍頭。

至1536年，許多修道院被解散，財產沒收；這一次重大的變革，被稱為「都鐸王朝政府的革命」，不但革掉了羅馬教皇至高無上的權力，甚至於全面反對天主教而發展了英國國教在1520年傳入而由劍橋學者發展出來的路德派基督教。但新舊教之間以後仍有慘烈的鬥爭。

1547年，亨利八世與凱薩琳所生的女兒——血腥瑪麗繼位後，即自行宣佈恢復天主教，由於她專橫平庸，引起叛變，當時的伊莉莎白公主被認為是煽動者，也被囚禁於鐘塔中，成了命運坎坷的階下囚。

但終究吉人天相，瑪麗女王四十三歲時就病逝，二十五歲登上王位的伊莉莎白不但未遭斷頭厄運，反而成就了英國的赫赫威名。倫敦塔的苦難，只是更增添了女王的傳奇色彩。

金碧生輝的珠寶屋（Jewel House）

珠寶屋建於十四世紀，放置了歷年來英國王室的王冠、權杖、飲食用的純金器皿、珠寶、寶劍、戒指等。

其中最有名的就是嵌有317克拉鑽石的帝國皇冠（Imperial State Crown）和一枝擁有全世界最大鑽石——非洲之星（530克拉）的權杖。因為放了這些重要的寶物，難怪進入倫敦塔之前，還要先檢查參觀者的皮包呢！

約門衛士身穿十六世紀都鐸式樣的制服，大紅外套上繡有王冠花紋和代表英國皇家的ER英文字母，頭戴圓桶黑帽，腳綁紅色綁腿，是許多遊客喜歡一同合影的對象。曹馥蘭／攝影

約門衛士和守護神烏鴉

　　倫敦塔約有四十名的守衛，他們被稱爲「約門衛士」（Yeomen Warden）或「食牛肉者」（Beefeater）。這批特殊的守衛，起源於亨利八世所設置的「國王膳食的守衛」（Boufities），並非他們都愛吃牛肉；他們穿著十六世紀都鐸式樣的制服，大紅外套上繡有王冠花紋和代表英國皇家的ER英文字母，頭戴圓桶黑帽，腳綁紅色綁腿，在灰暗的倫敦塔中，顯得引人注目。每當大批遊客前來參觀這些古堡，守衛者便直起喉嚨，一板一眼地維持秩序，煞是有趣。

　　倫敦塔的保護神烏鴉也是這群衛士在餵養，傳說只要這些烏鴉飛走了，白塔便會倒塌、英國就會亡國。因此，塔裡的烏鴉翅膀都會被剪得高低不平，使得牠無法遠走高飛；又有另一種說法，說是這裡的烏鴉若少於六隻，則帝國就會失勢，所以除養了六隻烏鴉外，還多養了兩隻後補。每年倫敦塔都會編列一筆經費飼養這群烏鴉。

俯瞰泰晤士河與倫敦塔。

從文藝復興時期開始，安珀茲堡歷經了多次的興衰起落。在歷代的興建、改建、拆毀與重建之下，安珀茲堡的建築風格就和他的歷史一般，一樣充滿動盪與不安。

血的煉獄

查理八世最鍾愛的城堡

安珀茲城建成於五世紀，西元1030年，安茹伯爵黑鷹為了城市的安全，在此興建城堡的前身——石造的防衛主塔；1434年，安珀茲堡雖被法國王室收歸所有，但仍然只是岩丘上的防衛城塔，直到1461年，路易十一在杜爾登基，才整建安珀茲堡為王后及王子（未來的查理八世）的住所。之後，查理八世、路易十二、法蘭西斯一世以及之後的亨利二世和王后凱瑟琳等等王室成員都不斷地遷入與搬離安珀茲堡，使安珀茲堡成為瓦洛王朝最重要的城堡。

安珀茲堡大部份的建築出自查理八世時期建造。查理八世是在這座城堡出生長大的，對此城堡有著特殊的感情，也因此促成他將安珀茲堡擴建為羅亞爾河最大城堡的心願。

1491年，浩大的建造工程展開，查理計劃將東西兩個分開的岩丘填平，在南、北兩面各建一座巨型堡塔——小兄弟修士塔和于多塔，城堡的主體也有兩座，一個是有四層樓的國王宮殿，另一個是又稱為「七品宮」的王后宮殿。除此，查理八世還準備在堡內整建觀景平台和教堂等建築。

當然，對於一個皇家城堡而言，這些都還不算什麼，因此，查理在岩丘的凹穴中蓋了一個動物園，豢養獅子、豹、猴子、鸚鵡甚至大象，為他的宮廷生活增添樂趣。

然而，在十五世紀末，興建這樣的大工程是好大喜功的，但充滿野心和熱情的查理顧不得這些，他焦急地想看到城堡完工。於是，數以千計的建築師、砌石匠和工人日以繼夜地為國王趕工。昂貴的工程開支讓查理必須要從鹽稅中挪錢出來支付城堡的裝飾工程。

義大利文化的影響

1494年，年輕又充滿野心的查理八世發動義大利戰爭，進攻那不勒斯。這次的冒險行動，使查理如入寶山，對義大利半島上的文化藝術佩服至極，隔年就帶回了二十二位義大利藝術家和工匠加入城堡的興建工程。這些義大利人受到國王的禮遇，不僅工資比法國工匠優渥，工程結束後，還可以繼續留下來。

國王請回的義大利人並不全是工程方面的技師，其中也有一些各種生活藝術的能工巧匠，包括慶典安排師、園藝師傅、金銀匠、織毯工、香水師、馴鸚鵡師等，甚至有位機械師，他在皇家雞園裡蓋了一個熱爐，不需母雞就可孵小雞，是法國最早的人工孵蛋機。

73　失落的皇家軼事

安珀茲堡大部份建於查理八世時期，昂貴的工程支出使得王室必須由鹽稅中挪用款項進行城堡的工程。1498年時，身材矮小的查理八世卻發生撞上門楣的意外，年僅二十八歲就過世。鄧茵茵／攝影

雖然這次禮聘外人的計劃被視為義大利文藝復興進入法國宮廷的象徵，但實際上，這些義大利工匠對安珀茲堡建築的影響卻非常有限，因為當時城堡已幾近完工，全然是晚期的火燄式哥德風格。有如安珀茲堡的一

顆小明珠的聖于貝爾教堂就是代表範例，教堂正面樑上雕著狩獵的保護者聖于貝爾的雕像。

儘管如此，堡中還是處處可見義大利風格的裝飾，如小兄弟修士塔內的拱頂石、于多塔頂入口的門楣裝飾以及義大利引進的鐵製拉桿也應用在架樑的技術上。

安珀茲堡的工程全速地進行，在1495至1496年間，有一百七十八名石匠和七十名工人全力地工作，晚上甚至點火把連夜趕工，天氣太冷時還得燒火溫熱冰凍的石材好方便工事的進行。

至於花園的裝飾，查理八世交由一位那不勒斯的設計師，他希望能蓋出一座他曾在那不勒斯漫遊過的神奇庭園，當時那座花園使他以為來到了仙境。但這個美夢，卻因一場意外戛然而止。

國王的幽靈傳說

1498年的復活節前夕，查理八世前往王后安妮的寢宮，準備

偕王后前往觀賞堡中舉辦的球賽，途中，兩人走入一個走廊（由於人們常在此地小解，被視為不潔之地），查理國王雖然身材矮小，卻莫名其妙地撞上門楣，頭部受創而喪命，死時年僅廿八歲。

傳說查理八世的鬼魂至今還停留在安珀茲堡，偶爾會化成幽靈嚇人。但查理八世畢竟是個具有騎士風範的皇帝幽靈，所以不會做出駭人的行為，頂多是見到美女時，警告她們：「小心！別撞到頭。」

美麗仙境淪為人間煉獄

在十六世紀下半葉，法國境內進入宗教戰爭的暴風期，許多新教徒被火刑活活燒死。1560年，一群以康戴王子為首的新教徒舉行秘密集會，計劃暗殺舊教徒首領吉斯公爵。但消息走漏，吉斯公爵立刻將王室遷往安珀茲堡。新教徒試圖發動攻擊，但沒有成功。吉斯公爵的人馬隨即展開鎮壓，一千五百人被捕後，被帶往安珀茲堡。

吉斯公爵宣稱企圖暗殺他的人等於是背叛國王，強迫體弱多病、年輕的國王法蘭西斯二世將全部的叛徒處以極刑。首謀者被剖成四塊，有地位的人被處斬首，其他多數人被吊死在城牆。也有人手腳被丟棄在城中，然後以裝載石塊的馬車輾死。最後甚至找不到空地可以行刑，只好將叛徒從高牆往下投擲，或者丟到羅亞爾河溺斃。城堡內外都是死屍，血腥味足以讓人窒息。在吉斯公爵的強迫下，十七歲的國王和十八歲的王妃與母后、廷臣親眼目睹這場血腥的屠殺。

這就是歷史上著名的安珀茲堡虐殺事件，經過這次事件，天主教派系與新教派系間的和解已不再可能，延燒三十多年的宗教戰火即將展開，也由於這樁事件，往後的國王都不願待在安珀茲堡。如今，堡內僅留下一小部份查理八世和法蘭西斯一世興建的建築遺跡，安詳地對著喧鬧的觀光客訴說過往。

從西元1500年到1715年之間，一共有七個國王，十一個王后曾住過布洛瓦堡。它是王室夜夜昇歌的地方，在新舊教之爭時，也曾發生過不少血腥的謀殺案；布洛瓦堡承載著許多皇室的故事，光榮的與不光榮的。

沒有落成日
的城堡

安妮公主的故事

1498年，查理八世意外撞上安珀茲堡的門楣身亡。由於查理沒有子嗣可繼承王位，因此由查理的堂叔，瓦洛家族的路易十二登上王位。路易十二為了要迎娶查理八世的皇后安妮，匆匆與王后珍妮離婚，並開始籌備重修布洛瓦堡的工程，準備將王室居所遷到此地。

為什麼安妮要再嫁給路易十二呢？這是一段公主的故事──安妮原本是布列塔尼公國的公主，1488年，她的父親法蘭西斯二世公爵去世，未滿十二歲的安妮以弱女之姿，登基為布列塔尼公爵。但她首先面對的是一群不把她放在眼裡的朝臣，以及急著要

　紅磚、白石、黑瓦構成布洛瓦堡路易十二側翼獨樹一格的外貌。曹馥蘭／攝影

把布列塔尼劃入版圖的法王查理八世。

在法國的威脅下，1490年，安妮企圖將自己嫁給神聖羅馬帝國王儲，以挽救岌岌可危的公國。但這個婚約卻引來法國的宣戰，隔年就攻下大半的布列塔尼，而查理以大軍壓境的態勢向安妮求婚，於是十四歲的女公爵安妮決定與查理八世聯姻，以結束戰爭。但為了確保布列塔尼公國得以維持獨立，她也要求將來由子嗣繼承公國爵位。若查理早逝，安妮則必須再嫁給繼任的法國國王，以確保布列塔尼永歸法國所有。

以後，安妮與查理在安珀茲堡渡過一段繽紛熱鬧的生活。但命運似乎一直作弄著她，結婚七年多，她產下的五個孩子全都早夭，丈夫又意外身亡。在將查理的遺體運回巴黎安葬後，悲傷的安妮擦乾眼淚面對命運，決定重回羅亞爾河，依約再嫁新王。八個月後，安妮再度為后，路易十二將她帶離才剛新建完成的安珀茲堡，遷往布洛瓦堡。

婚滿一年，安妮終於產下一名健康的女嬰，取名克洛蒂，但終其一生沒有子嗣。面對長她十二歲，日漸老邁的路易十二，安妮開始擔心布列塔尼的未來，而如果路易先她而亡，是否她還得第三度嫁給路易的侄兒──未來的法蘭西斯一世？經過一番盤算，安妮最後很不情願地讓7歲的女兒與即將繼承王位的法蘭西斯一世訂親，而布列塔尼公

城牆上紀念貞德的碑文，鄧茵茵／攝影。

國最終仍是擺脫不掉註定成爲法國領土的事實。

1514年，安妮病逝於布洛瓦堡，她的遺體被送往巴黎聖安尼教堂安葬。而她的心裝在一只聖骨盒內，被帶回布列塔尼，安置在她父母的陵寢。

哥德與文藝復興風格交融的路易十二側翼

布洛瓦堡位於羅亞爾河流域的商業重鎮布洛瓦省，是由中古世紀城塞改建的城堡，不過目前只剩下十三世紀時由布洛瓦伯爵所興建的部份城塞遺蹟。現今的布洛瓦堡是路易十二和法蘭西斯一世這兩位國王所興建的。

路易十二興建的豪華城堡（即路易十二側翼），外觀由紅磚、白石、黑瓦構成，獨樹一格；這一側翼的樓層不高，挑高僅僅兩層，其中第二層還隱蔽在屋瓦下，使得屋頂顯得高聳拔尖，加上屋頂突開而出的長形老虎窗，整體風格明顯地統攝在哥德式建築火燄狀的遺風裡。而當時剛萌芽的文藝復興式的精緻則流露在細部裝飾裡，如迴廊裡的廊柱——其中方柱雕以羅馬式紋飾，圓柱雕以皇家百合和白尾貂（象徵路易十二和安妮王后）。然而，最著名的還是城堡正門入口上的路易十二騎馬雕像，充分表現出哥德與文藝復興兩種建築語彙上的對話和交融。

新建的城堡很快成爲法國王室的主要居所，路易國王和安妮王后將新家佈置在二樓。克洛蒂公主就在這裡渡過她的童年。15年後，小公主的丈夫法蘭西斯一世在她童年時的房間對面建造一座更華麗的長形樓廊，就是今日所稱的法蘭西斯一世側翼。

有皇家圖書館的法蘭西斯一世側翼

路易十二側翼完工和法蘭西斯一世側翼的開工，這之間只隔

了短短15年，可是兩者的風格已經出現截然不同的時代差異——雖然中世紀的中心式旋轉樓梯依舊保存下來，但義大利風已成為皇家建築的主流。年輕的法蘭西斯一世還特別延請達文西來此安養天年，並於城堡旁蓋了一座盧西館邸（Clos Luce）送給達文西。

不過城堡工程在1525年中斷，這肇因於該年巴維亞戰役失利，法蘭西斯一世被俘與王后克洛蒂的過世。這棟側翼因而成為法蘭西斯一世未完成的建築美夢之一。

法蘭西斯是布洛瓦堡的主人，但真正的靈魂人物則是構想這座經

西元1500年到1715年之間，共有七個國王、十一個王后曾住過布洛瓦城堡。在羅亞爾河流域諸多城堡中，布洛瓦城堡與法國王室的歷史最為深遠。鄧茵茵／攝影

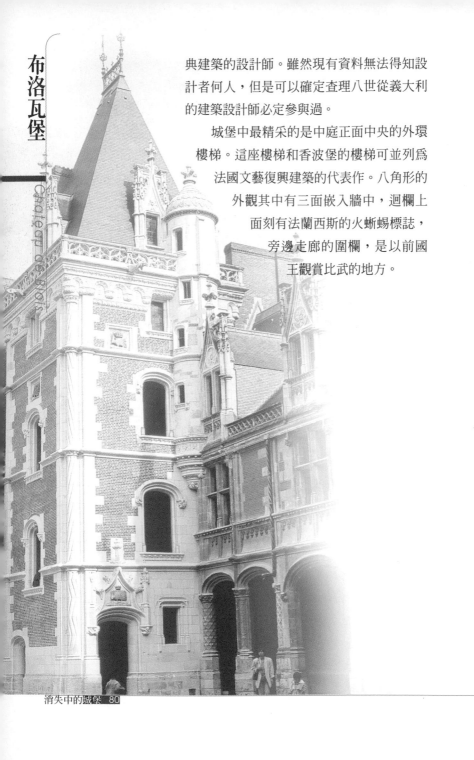

典建築的設計師。雖然現有資料無法得知設計者何人，但是可以確定查理八世從義大利的建築設計師必定參與過。

城堡中最精采的是中庭正面中央的外環樓梯。這座樓梯和香波堡的樓梯可並列為法國文藝復興建築的代表作。八角形的外觀其中有三面嵌入牆中，迴欄上面刻有法蘭西斯的火蜥蜴標誌，旁邊走廊的圍欄，是以前國王觀賞比武的地方。

樓梯最上面的一層則是散步陽台，可眺望城堡外的風光。

法蘭西斯一世在布洛瓦堡另一項非關政治的成就是設立前有未有的皇家圖書館。他不僅任命當時著名的人文學者為皇家藏書大臣，還派遣王子的老師到義大利蒐集各種珍貴的圖書。繼布洛瓦堡後，他在巴黎的楓丹白露宮也設立了一座。據說，好學的法蘭西斯每天用餐時都有「書侍」唸書給他聽。

布洛瓦堡的圖書館後來遠近馳名，1537年以後，教廷下令所有的印書商，每印新書都必須送一冊給國王藏書的負責人，這是法國第一次出版「版本備案」的概念。

最後的奧爾良側翼

法蘭西斯一世之後，凱瑟琳太后、亨利三世是布洛瓦堡的主人。凱瑟琳的房間設於二樓，房內有二百三十七面鏡子，據說其中有幾面鏡子是秘密暗門，只要一踏密鍵就可打開。

宗教衝突後，凱瑟琳、亨利三世也都在一年內先後過世，布洛瓦堡開始一段幽暗漫長的歲月，這裡再也不是皇室居所了。1617年，路易十三把布洛瓦堡改為監獄，軟禁他的母后瑪麗‧麥第契達兩年之久；後來，他的兄弟奧爾良和路易十三不合，自我放逐，隱居於此，才開始布洛瓦堡另一段光輝歲月。這段期間重要的大事就是重建城堡，並請來十七世紀的重要建築師蒙沙興建奧爾良側翼。不過，奧爾良並沒有完成所有的興建計劃，1660年他在法蘭西斯側翼的房間裡過世，這是布洛瓦堡最後的重要工程。

香波堡，是羅亞爾河流域眾多城堡中最壯麗的一個，也是一個年輕國王的夢想。這位國王具有中世紀騎士精神，是文藝復興的擁護者；他對帝國及女人的追求有著同樣強烈的熱情。白天，皇家狩獵的嘶喊聲瀰漫在香波森林中；在夜晚，音樂、密謀及韻事，則飄揚在這奇幻城堡的迴廊裡。

城堡之王

法國文藝復興之父的夢幻計劃

西元1515年，法國在新國王的領導下正要茁壯，年輕的法蘭西斯一世對自己及國家有萬丈雄心，希望有朝一日能稱帝，他決心使法國成為歐洲文藝復興稱羨的對象，於是他決定打造一座能標誌他的雄心與夢想的獨特城堡。

法蘭西斯一世未滿20歲即繼承堂兄的王位。在寡母的溺愛下成長，法蘭西斯熟悉蓬勃的文藝復興藝術，他熱愛英勇騎士的故事及拉丁文學，喜歡追求狩獵的刺激甚於治世之道，但他是個聰明善良的人，歷經數任沉悶與病弱的君王，法國人民歡愉地迎接勇猛的年輕新王，而國王也不負重望，在加冕大典不久，法蘭西斯就遠征義大利收復米蘭的領地，這一成功震撼全歐。

在米蘭這趟勝利之旅中，他目睹了義大利文藝復興時期的藝術品及建築物，這些都是他自幼傾慕的；因此，他帶回法國的不

僅止於勝利，還有對義大利文藝復興的熱望，夢想使法國藝術能和義大利並駕齊驅，他甚至說服年邁的達文西陪伴他返回法國，並帶回舉世皆知的畫作《蒙娜麗莎》。

　　在達文西的幫助下，法蘭西斯開始著手他的建築大夢。首先，他擴建布洛瓦的城堡，但他認為身為文藝復興時期的君王，他必須擁有屬於自己的堂皇城堡，而且是前所未有的；經過幾次的巡訪，他看中了香波堡外的廣闊森林；有人說是他對某女子的愛將他帶來此地，或說他與附近某位美麗伯爵夫人有段地下情，也可能是林中無數的獵物吸引酷愛狩獵的法蘭西斯來到香波堡。總之，香波森林的沼澤地雖然用作建築地不盡理想，但法蘭西斯心意已定，他的城堡要座落在此。

巧妙融合義大利文藝復興與法國建築傳統的香波堡，擁有令人目眩神迷的華麗外觀，是當時西歐最大的建築工程。法蘭西斯一世曾在此接待對手查理五世，而查理五世盛讚此堡是「人類所能創造的絕佳縮影」。

達文西的創意

西元1519年，工人開始艱辛的清除及規劃用地的工作，他們築了一道二十一哩長的圍牆，包含的面積足以涵蓋整個巴黎，這是個奇幻的時刻，擁有「查理曼大帝第二」之稱的法蘭西斯似乎註定成就大事；但在德國，另一個年輕國王漸成氣候──神聖羅馬帝國的新統治者查理五世，年僅十九，就統轄著德國與西班牙，可是他的野心不僅止此，法國及野心勃勃的法蘭西斯阻礙了他，因此兩個國王成為宿敵。

1519年，達文西死後四個月，香波堡開始動工。沒有人能確定指出到底誰設計了香波堡，但它明顯地反映出法蘭西斯的想法──以法國的意象重塑義大利的文藝復興，方形城堡是義大利式的，而雄偉的角樓則是法國式的。城堡格局獨特，以希臘正十字為中心，將城堡劃分為四個區域，十字交會處有一座雄偉的螺旋

梯向上攀升，它的結構非常巧妙，上樓的人看得到下樓的人，卻不會碰面，事實上它是兩段樓梯互相纏繞而成，這正是鬼才達文西的設計，據說是為了讓國王的情婦們不會狹路相逢。時至今日，這座樓梯間仍以其工程設計及巧智引人讚嘆。

完工的主堡完全符合法蘭西斯的期望，它精巧地結合了法國的傳統、義大利文藝復興及達文西的天才和奇想。當

香波堡內巨型的雙螺旋梯是鬼才達文西的傑作。據說是為了讓國王的情婦們不會狹路相逢。曹馥蘭／攝影

然，法蘭西斯「F」的標記也明顯地展現在城堡各處；另一項法蘭西斯的象徵「火蜥蜴」也妝點著整座城堡。傳說中，火蜥蜴浴火無傷，法蘭西斯的母親取它象徵兒子的力量及勇氣，在此，國王對帝國的強烈野心昭然若揭，城堡牆壁上的每隻野獸圖騰上他均冠以皇冠，這顯示了一個屬地國王的大膽，因為在當時，只有他的對手查理五世能戴上皇冠。不久，法蘭西斯和他的城堡果然為其帝國野心付出昂貴的代價。

1525年，在巴維亞戰役中，法蘭西斯受傷被俘。之後有一年之久他在西班牙的監獄中意志消沉，香波堡的建築工程於是停工。翌年，法蘭西斯以割讓國土及二子為人質的昂貴代價終於回到法國。他比以

酷愛狩獵與美女的法蘭西斯一世要的是一座獨特能標誌他的雄心與夢想的獨特城堡，他選擇了皇家獵場——香波森林，做為新城堡的所在地。

前更急於完成香波堡了。

自1526年起，1800名工人不間斷地從事城堡建築工程，香波堡的遊樂宮殿逐漸成形，同時準備迎接首批訪客。

在夏日，香波堡被閒置不用，因為狩獵是冬天的消遣活動。國王會為他的宮廷成員安排為期數天到數週的狩獵之旅，上百的僕傭和上千的馬匹，帶著所有的皇家所需物品移駐城堡。

法蘭西斯是典型的喜好排場，皇室人數在他統治期間急劇增加，當然包括了各階層的女人；這從法蘭西斯常掛在嘴邊的一句話：「一個宮廷若無美女就像春天看不見玫瑰一樣！」就可看出他的風流蓋世。

高處不勝寒的城堡之王

就很多方面來說，香波堡的不切實際一如它的美麗，因為一年中除了一兩週國王偶爾前來打獵之外，城堡大半是閒置不用的。

國王之房——路易十四在香波堡的寢宮。主張「朕即國家」的路易十四，將君主專制推展到極致，一切國家事務均以他為指揮中心，因而贏得「太陽王」的稱號。曹馥蘭／攝影

它的「全盛期」──也是法蘭西斯唯一一次真正凌駕對手查理五世的時期，是西元1539年。在兩人短暫的休戰時期，查理五世在前往蘭德斯參加朝聖的路途中，曾接受法國邀請順途參觀香波堡，法蘭西斯為了炫耀法國的國力及其尊貴的王者風範，極盡奢華排場予以款待。據說查理五世所到之處，均有成群的美女陪同，在他必經之路揮撒玫瑰花瓣。查理五世為此留下深刻印象，盛讚「香波堡是人類努力與成就的總和」。

1547年法蘭西斯之死，代表羅亞爾河谷黃金歲月的終止，皇室遷到巴黎，以便靠近法國的政治中心，接下來二百年中大部份時間，香波堡完全廢置，雖曠世奇美，但也完全無法居住其中。不同的主人及貴客不時造訪以此為臨時行館，均在此留下他們的痕跡，以致文藝復興城堡的味道盡失，但其主要的樓梯間及四周畫廊仍然存在，也從未失去它令人心醉的力量。

香波堡不時透露被忽略的痕跡，例如：裝飾物毀壞、屋頂漏水、無數的牆壁有倒塌之虞……終於在1685年太陽王路易十四在位時，它得到修復，短暫地恢復生機。但即便如此，香波堡大部份的時間還是空的，只有少數人曾長久居住過此地，薩克森的馬歇爾就是其中之一，路易十五將這座城堡賜給他，做為1745年方特諾戰役勝利的獎賞。

馬歇爾大刀闊斧地遷入，並帶來兩個軍團駐紮在城堡外圍。馬歇爾過得奢華而苛刻，玩弄女人惡名昭彰，傳言他曾經誘拐名伶帕法特來到此城堡。

之後香波堡經過幾次堡主更易，在1932年被法國政府購回。如今，香波堡已成國家古蹟，遊客朝聖地點，法國總統以及國賓的狩獵保留區。就某種意義而言，儘管歲月流逝了，香波堡仍懸置在歷史的叉口上，那是中世紀的浪漫及迷戀，也是文藝復興哲學家國王的夢想。

　　十六世紀，由於堡主逃亡，興建阿列勒麗多堡的工程中斷；一群曾向堡主借貸金錢的貴族高興地進入城堡參觀，紛紛讚盛這是「一座沒有國王的皇家城堡」。消息傳到眞正的國王法蘭西斯耳裡，他憤然下令沒收城堡。

沒有國王的皇家城堡

全軍覆沒的河中島城塞

　　阿列勒麗多堡原是阿列勒麗多小城的一座城塞，在百年戰爭末期隸屬於勃艮第。1418年，當皇太子查理經過此地時，勃艮第士兵在城牆上聲喊著：「私生子！私生子！」

　　對這些士兵而言，這樣的訕笑只是轉述民間傳言；但對查理而言，被譏諷爲「私生子」則茲事體大。如果眞如皇后所說，查理不是國王的親生兒子，那麼查理勢將喪失皇太子的身份，同時也會失去英王身兼法王的資格。

　　怒火沖天的查理立刻放火燒掉這座小城鎮，並包圍城塞。當時城塞守備隊長迅速投降，但是查理卻不予理會。違反當時的習慣，查理將包括投降的騎士隊長在內的三百多位守備兵全部處死。雖然如此，查理仍無法平息怒氣，最後還將城塞拆毀。百年後，阿列勒麗多落入吉爾‧貝爾多羅的手中，他委託建築師在城塞遺蹟興建華麗的城堡。

　　貝爾多羅擔任國王的財政大臣，在那個年代，國王的財務狀

阿列勒麗城堡可以說是「一個沒有國王的皇家城堡」，因為從來沒有一個國王
在此定居過。安德河裡款款倒影、瀲瀲波光將穩重敦厚的城堡修飾成「一顆
被水光裁出光芒的鑽石」，宛若一座夢境之堡，很少人能抗拒得了它的魅力。

況並不需要公開，要從國王收取的稅金中飽私囊是很容易的，貝爾多羅就是看準了這點，累積了龐大的財富，因此被憎恨他的貴族們告發。

事件發生後，貝爾多羅趕忙捨棄建了9年、幾近完工的豪華城堡，亡命到當時還不是法國領地的麥斯。所以我們今日所見的城堡其實是未完成的作品。

一顆被水光裁出的鑽石

原本是ㄇ字形、結構對稱的阿列勒麗多堡建在安德河的兩條支流上，因堡主逃亡而只完成西南兩翼，成為今日的L形。當年城堡初建時，主持工程的堡主夫人請來大批建築工人，日夜趕工。首先是解決河水的問題，工人先以幫浦將河水抽乾，再用一根大鐵柱將一支支樁打進池底做地基。建築石材多半來自附近地質鬆軟的石灰岩，但為求堅固，也從遠地運來較堅固的石塊，再就地切割。據說這項工程曾引起法蘭西斯一世的興趣，他還為此特地前來探訪。

為了討好國王與王后，堡主貝爾多羅在牆面上雕著象徵法蘭西斯的火蜥蜴和王后克洛蒂的白貂紋徽。但即使如此仍無法掩蓋

阿列勒麗城堡內的拱形柱廊。從整體看，阿列勒麗堡是一座哥德風格濃烈的建築。然而，細看其內部裝飾卻帶有文藝復興的味道，兩者相融出一種雅緻的和諧美感。曹馥蘭／攝影

他貪污的罪行。

　　從建築史演變的角度來看，阿列勒麗多堡呈現哥德式到文藝復興式的過渡期建築式樣；但從整體看，阿列勒麗多堡仍是哥德風格濃烈的建築，例如高聳的屋頂、城堡四角懸空的圓塔、塔上的防衛突堞等；然而，文藝復興式的精細雕刻也在堡內隨處可見。

　　目前這座城堡屬於國有財產，為收藏文藝復興時代傢俱和織錦畫的博物館，但最美的還是城堡外觀。巴爾札克曾經讚美它是「一顆被安德河水光裁出光芒的鑽石」，阿列勒麗多堡宛若一座夢境之堡，沉穩地散發著它獨有的魅力。

畢亞克爾賓客室（*Biencourt drawing room*）。曹馥蘭／攝影

哈布斯堡王室統治奧地利六百年，他們以雄厚的財富與勢力，在維也納建立起卅餘座美輪美奐的宮殿，其中以霍夫堡最具代表性，它是哈布斯堡王朝的駐在地，亦是十九世紀時遷動整個歐陸的重要據點。

哈布斯堡王室的遺產

哈布斯堡王朝

中世紀時，原先統治奧地利的巴奔堡家族最後一任公爵——好戰的腓特烈二世戰死沙場，奧地利陷入波希米亞與匈牙利爭奪不休的烽火兵變之中。1273年，哈布斯堡的魯道夫一世，因深獲民心而獲選為羅馬人國王；1278年，這位驍勇善戰的年輕國王戰勝了波希米亞人，自此開啟了長達六世紀的輝煌史績。

哈布斯堡家族成員個個都精於權謀，他們不斷利用合縱連橫的聯姻與懷柔政策，逐步擴張版圖勢力，最後形成奧地利與西班牙兩大旁系。例如：邁希米連大帝與伯艮良公主結婚，取得了法、荷、比大片土地；菲力浦娶了「瘋女喬安娜」，順便成為西班牙國王；而卡爾五世不僅是神聖羅馬帝國皇帝，同時也是西班牙國王、西西里的統治者。

1704年，廿三歲的瑪麗亞‧特瑞莎加冕為哈布斯堡德意志神聖羅馬帝國的女皇，同時也成為匈牙利女王。這位哈布斯堡王朝空前絕後的女皇在位四十年，推行一系列商貿、普及教育的措

施，奠定了萬世之基。不過，她的王位坐得並不安穩，周遭的法國、普魯士與巴伐利亞貴族頻頻挑釁，女皇均以過人的智慧化解了危機。隨後，女皇的兒子約瑟二世接任，他也是一位明君，奧地利在這對母子的開明統治下達到輝煌的巔峰。

然而，接下來的法國大革命正以野火燎原之勢席捲全歐，因懾於拿破崙的聲威，弗蘭茲二世被迫放棄羅馬皇帝的稱號，並成立奧匈二元制帝國，奧地利開始由盛轉衰。

1814年，拿破崙兵敗滑鐵盧，當時執政的梅特涅親王召集了歐洲貴族，舉行了著名的「維也納會議」。會議整整開了一年，這群沉浸於特權的貴族，終於導致民心思變，引爆1848年的歐洲革命。中產勢力抬頭，當時的皇帝斐迪南倉皇出逃，年輕的弗蘭茲‧約瑟夫在混亂中接任皇位，成為哈布斯堡家族最後的皇帝。

見證哈布斯堡王朝榮衰的霍夫堡是19世紀時撼動整個歐陸的重要據點，這裡承載著奧地利的美麗與哀愁。王瑤琴／攝影

神聖羅馬帝國的中心──維也納

　　作為中世紀歐洲最大的三座城市之一的維也納，至今仍保持著昔日顯赫的地位。維也納是世界名城，奧地利首都，亦是國內最大的城市，以「音樂之都」聞名遐邇。提起維也納，自然會想到古典音樂，很多著名的音樂大師均出於此，包括「華爾茲之王」小約翰史特勞斯、海頓、莫札特、「樂聖」貝多芬、舒伯特等。維也納每年都舉辦很多音樂節及演出活動讓人處處感受到音樂的氣氛，難怪她成為音樂學習者與愛好音樂人士「朝聖」之地。

　　維也納歷史始於羅馬帝國，但至一千多年前才正式發展。西元1278年，哈布斯堡（Habsburger）家族於奧地利開始其長達七世紀的帝國，及至十九世紀為其最輝煌的時期，但一次世界大戰

哈布斯堡王朝善於權謀，他們以聯盟與政治聯姻的政策統治奧地利達六個世紀之久。在王朝的駐在地──霍布堡內的一篇詩文曾如此稱頌政治聯姻：「讓其他的國家去接受毀滅的戰爭吧！而我們，受上帝恩寵的奧地利，將接受聯姻！」王瑤琴／攝影

的來臨，即為王朝歷史劃上了句號，維地納亦隨之失去昔日光彩。二次大戰期間，維也納遭戰火嚴重破壞，1955年，奧地利簽訂條約成為中立國後，維也納再度發展起來，並成為奧地利最重要的商業及交通中心。

維也納市內街道呈輻射環狀。兩旁林蔭蔽日的環形大道以內為內城。內城的古街道，縱橫交錯，很少高層房屋，多為巴洛克式、哥德式和羅馬式建築。第二環形路外為外層，市西有幽雅的公園，美麗的別墅以及其他宮殿建築。

從「冬宮」、「夏宮」到「國立歌劇院」，從維也納兒童合唱團到西班牙騎術學校，到處都是一片往日奧匈帝國的京城景象。眾多宮殿宅第和博物館，把輝煌的傳統和現代的生活緊密聯繫在一起。

見證王朝榮衰的霍夫堡

1250至73年間，羅馬教皇與德國人一直勢同水火。奧地利後來被波希米亞國王奧托卡接手統治，他在1279年興建了霍夫堡，不過在當時，霍夫堡只是座城堡要塞，從14世紀起才逐漸成為皇宮所在地。它曾經在1462年，由於王室內訌，被市民圍困長達兩個月；亦曾見證過瑪麗亞‧泰瑞莎女皇的繁榮盛世、約瑟夫二世的意氣風發及末代皇帝法蘭約瑟夫由盛轉衰的悲涼無奈，最後，平民百姓的力量取代了王宮貴族，霍夫堡成為王室的遺產。

位於現在國會議堂附近的霍夫堡宮，是合瑞士宮、阿瑪里宮、斯塔爾堡等建築而成的龐大宮殿群；有講求對稱的文藝復興時代樣式，也有講究裝飾的巴洛克樣式，不但豪華壯觀而且細緻典雅，其中有兩間是中國文物陳列室，收藏了不少珍貴的中國瓷器和漆器。

拆除城池

步出霍夫堡，就是有名的環城大道。由於哈布斯堡王朝的皇室成員喜歡帶著大批隨扈在維也納四處微服出巡，1853年，一名匈牙利的暴徒從出巡路線附近的樹叢中跳出來刺殺當時的國王法蘭茲・約瑟夫，危急之際，一名路過的屠夫制止了這名暴徒救了奧皇一命。後來，奧皇冊封這位救命恩人爲貴族，讓這位殺豬人成爲空前絕後的「屠夫貴族」。

逃過一劫的國王並在事件過後做了兩項決定，一是爲了感恩，便在出事地點興建教堂，以感謝上帝的恩澤；二是開始興建寬敞的環形道路——這是哈布斯堡最後的皇帝法蘭茲・約瑟夫在位六十年以來最大的貢獻，因爲他將維也納舊城牆給拆除，代之以環城大道時，便啓動了建築興盛時期，而這樣的結果至今仍是維也納榮耀的根源，正如當時盛行的一句名言：「當建築業興盛時，國家的整體經濟必然繁榮。」

隨著昔日城池的瓦解，哈布斯堡王朝的命運越見坎坷，悲劇不斷地發生，繼皇后被刺殺於瑞士、皇弟被刺殺於墨西哥之後，皇儲斐迪南也被刺殺於巴爾幹半島，隨即爆發第一次世界大戰，唯一倖存的法蘭茲・約瑟夫晚年孤獨地隱居在麗泉宮，直到終老。

我愛西施

提到末代王法蘭茲約瑟夫，一定要介紹一下他的美嬌娘。有一部德文電影「Sissi」（中譯名《我愛西施》），其實指的就是被暱稱爲「西西」的依莉莎白皇后。她在1898年遭一名無政府主義者謀殺身亡，奧地利人緬懷她並不是因爲她的猝死，而是因爲她那傳奇的美貌，有人將英國已故王妃黛安娜與她相提並論，更有

人說黛妃就是西西轉世，究竟她們倆的命運有何相似之處？

　　西西原是成天馳騁在黑森林裡的巴伐利亞公主，十六歲時被公認為當時歐洲最美的女子，法蘭茲約瑟夫就是愛上了她的健康美，兩人於1854年成婚。但是好景不常，雖坐擁霍夫堡還有麗泉宮上百個華麗的房間，兩人的愛火在婚後並未持續燃燒下去，法蘭茲約瑟夫在滿是葡萄園的維也納森林裡另外為皇后建一座寢宮，反而造成兩人漸行漸遠，西西在她的私人寢宮裡就曾留下這樣的詩句：「Love is not for me. Wine is not for me. The first makes me ill. The second makes me sick.」。

香布倫宮這座夏日宮殿是特瑞莎女皇在近十八世紀中葉時下令修築的。此建築計劃建設一系列的建築群，刻意建來與法王路易十四那榮耀的凡爾賽宮媲美。然而，女皇馬上就了解這樣的計劃可能需要天文數字般的經費，因而把原計劃調整為目前的樣子。

自由成性的西西不習慣皇室的繁文縟節，始終不快樂，在獨子魯道夫殉情自殺後便四處旅行，最後被刺死在瑞士。據說抑鬱寡歡的她三十歲之後就不再讓人作畫，所以她的畫像全是在她最美的時期留下來的，不過她每張畫像都是緊閉著雙唇，理由很簡單，因為這位絕世美女的牙齒黑黑的。

女皇最鍾愛的香布倫宮（Schloss Schonbrunn）

香布倫宮，德文本意叫做麗泉宮，相傳1617年馬提阿斯皇帝狩獵至此，發現了一座泉眼。據說，常喝這泉水，人會長得漂亮。以後，這座宮殿因此而得名。

香布倫宮的主結構外牆，是一種很特殊的「瑪麗亞·特瑞莎黃」，這是哈布斯堡王朝唯一女皇瑪麗亞·特瑞莎最喜歡的顏色；特瑞莎女皇因為繼承龐大的帝國而引來包括普魯士、巴伐利亞、薩克森、西班牙和法國聯軍的攻擊，這個戰爭從1740年打到1748年，但女皇在國家最危難的時候，仍然堅持一面戰爭，一面大興土木，蓋了這座美輪美奐的香布倫宮，最後趁著聯軍兵疲馬困的時刻，邀請聯軍代表到香布倫宮談判。

當各國的代表看到自己的國家都快撐不下去，但是特瑞莎女皇竟然還有餘力興建這麼豪華的城堡，與會人士當場鬥志全消，各國紛紛撤兵。一場鏖戰就這樣化解於一座城堡的興建。由此驗證了特瑞莎女皇「寧要中庸的和平，不要輝煌的戰爭」的政治哲學。

香布倫宮最光彩的時代是在1757年，那一年，女皇擊敗了強大的普魯士，讓奧地利走到了歷史的最高點。五年後，六歲的莫札特在這裡為女皇演奏，文治武功可說輝煌一時。

香布倫宮內的華麗擺設，讓人神往當年哈布斯堡王朝的榮華富貴。

雖然是現任女王的城堡，但安瑪麗堡既沒有護城河，也沒有高大森嚴的城牆，任何來到這裡的人都可以隨意走到王宮的臺階上，親身感受女王的榮耀。這也就是為什麼丹麥王室會被稱為是世界上最民主化的王室了。

最不像王宮的王宮

平易近人的女王城堡

安瑪麗堡位於丹麥首都哥本哈根內，它是現任丹麥國王瑪格麗特女王的住所——最不像王宮的王宮。

瑪格麗特二世出生於哥本哈根，性格開朗，興趣廣泛。在考古、美術和文學方面均頗有造詣。她是在1953年的法律規定女性後裔可以繼承王位的情況下，成為丹麥歷史上第二位女君主。

安瑪麗堡前面是一片可自由出入的八角形廣場，旁邊是普通的民房，背後面臨港口，由四棟建築物所造成的王宮便座落在廣場的周圍。樸素平淡的安瑪麗堡非常平民化，由此正可反映出丹麥王室的民主化。

丹麥王室是歐洲流傳最久、最古老的王室。現在的宮殿雖是從15世紀以來遺留下來的，但當時王室的住城，卻是克里斯汀堡。是1794年的一場大火，促使克麗斯汀七世將王室遷至安瑪麗堡。現在的安瑪麗堡是1749年腓特烈五世授命大建築師尼魯斯設計建造的，前後歷經12年才完成。

　　這座洛可可風格的皇室建築，自1994年才開放參觀，展示自1863年起皇室各種珍貴的收藏。每天中午，穿著藍色英挺制服，頭戴熊皮高帽的禁衛軍在樂隊的伴奏下，到皇宮廣場進行交接換班儀式，總是吸引成千上萬的遊客佇足欣賞。

王宮變議會——克里斯汀堡（Christiansborg Slot）

　　丹麥皇室最早的居所克里斯汀堡，位於哥本哈根的舊護城河畔，數度在戰爭與大火之中重建，目前所見的城堡是在1928年時興建，已不再是皇室住所，而是哥本哈根的議會所在地，同時也用來接待外賓以及宴客。

　　克里斯汀堡最早由哥本哈根的建城教主所興建，城堡為花崗岩構成，外表看起來雖不搶眼，但內部裝飾卻富麗堂皇。自1259年到1369年，克里斯汀堡屢遭外族攻擊，最後在1416年重建，才正式成為皇室的居所。當時有座藍色的城塔被用來囚禁重犯，因而十分著名。犯人甚至包括克里斯汀四世的女兒依儂公主，這位丹麥文學史上的女詩人，因丈夫涉及叛國罪而被牽連、囚禁於此。

　　1637年，熱愛建築的克里斯汀四世將城堡整建為華麗的巴洛克樣式，還加建了教堂和豪華的馬廄。到了他的孫子克里斯汀六世，更將

雖然是現任丹麥女王瑪格麗特的居所，但看起來並不像王宮。安瑪麗堡前面是八角型廣場，可供遊客自由出入，四周則是普通民房，既沒有護城河，也沒有城牆，非常平民化，也正可反映丹麥王室的民主化。宛蓁／攝影（Pchome 個人電子報：宛蓁的丹麥假期）

城堡擴建為當時歐洲最奢華的宮殿，然而，這一切卻不幸在1794年的一場大火中完全燒燬，僅有馬廄逃過一劫，保留至今日。丹麥王室卻因多次劫難不願再居於此，另搬到安瑪麗堡去。

「第一丈夫」的故事

在歐洲君主立憲制國家，國王只是名義上的元首。作為元首的配偶，其形象更覺模糊難辨。丹麥的「第一丈夫」──女王的丈夫亨里克親王就不止一次地對自己的身份和地位產生困惑。

亨里克雖然原籍在法國，卻出生在越南，他的童年和青年時代都在那兒度過的。不過，那時他的名字一直按照法國人的習慣叫做亨利。後來，他到巴黎深造，攻讀文學和東方語言學。28歲，亨利進入外交部，隨後被派駐倫敦。就在那裏，他和丹麥王儲瑪格麗特公主一見鍾情。1966年，亨利從倫敦急匆匆飛到哥本哈根，第一次以王儲未婚夫的身份出現在丹麥國人面前。

1967年6月，丹麥王室在弗雷登堡為他們舉行了盛大而浪漫的婚禮。為了與意中人結合，亨利不但放棄了工作和爵位，而且

　　安瑪麗堡。宛蓁／攝影（Pchome 個人電子報：宛蓁的丹麥假期）

把名字也改成丹麥式的「亨里克」。從此，亨利伯爵變成亨里克親王。婚後，他們生了兩個兒子，老大腓特烈如今已是丹麥王儲。

在夫妻感情上，亨里克與女王琴瑟相諧。兩人都能說好幾種語言，都對文學懷抱濃厚的興趣。亨里克不僅出版了詩集和回憶錄，並且翻譯了多部法國文學作品。

1981年，丹麥出版了法國作家西蒙‧德博瓦爾的著名詩集《人總有一死》的丹麥文版，譯者名叫H.M. Vejerb-Jerg。這本書在丹麥引起轟動，許多挑剔的批評家都覺得譯作文字準確、流暢而傳神。但這個神秘的「H.M.」，卻是第一次聽說。幾個月後，出版社才向外界透露，那個H.M.其實是亨里克和瑪格麗特兩個人名字的字頭縮寫。

2002年春天，年近古稀的亨里克親王突然耍起了脾氣，獨自跑到巴黎西南的采克斯城堡享受清靜。

原來，這年新年，王室有個接見外國使節的例行典禮，女王由於身體不適，主持典禮的任務便落到大兒子、王儲菲特烈的身上。老親王的心裏像打翻了五味瓶，他抱怨說：「很多年來，我一直是王國的二號人物。我也很滿意這樣的角色。我在丹麥已經這麼多年了，我不想突然成為老三。」

於是，他負氣而走，但女王和王子隨後趕到城堡與他相聚。在記者的攝像機面前，一家三口都露出笑臉，好像什麼都沒有發生。即使亨里克心裏有再多的委屈，至少在面子上得讓貴為女王的妻子過得去——這就是「第一丈夫」的辛酸；在人們的眼裏，他們呼風喚雨，寶馬香車，過著體面而奢侈的生活。然而，又有多少人知道他們背後苦樂交織的生活、動人而憂傷的故事呢？

提到有北方之都稱謂的聖彼得堡，會讓人們想到什麼呢？古老神秘的俄羅斯？每年五、六月太陽不下沉的「白夜之都」？冰雪封天的苦寒大地？東正教？共產黨？鑽石黃金堆積成山的沙皇珠寶？真假安娜公主？芭蕾舞？還是音樂家柴可夫斯基？不過，在俄國人心目中，它可是文化藝術之都，現任俄國詩人總統普亭也是聖彼得堡人呢！

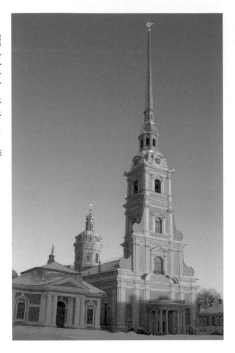

白夜之都

第一筆風采——彼得保羅要塞

聖彼得堡是帝俄時代的曠世英豪彼得大帝在蘆葦沼澤中建起來的奇蹟都市。這位身材魁梧的皇帝，自小便沉迷於航海，即位後特別注重海軍的建設。偏偏蘇俄空有大片土地卻缺乏優良的出海口，因此彼得大帝半為個人興趣，半為國家大計，千挑百選，看中芬蘭灣東岸的一片土地，立意將之建為通往歐洲的出口。

西元1703年，彼得大帝自全國徵召來了四十萬工人，開始在泥沼中搬運沙土，築城架橋，著手建設他的夢想新都。彼得大帝志大才高，他不僅只是下令建都，而是完全親身參與，他執筆繪

彼得保羅要塞位於涅瓦河右岸，它是為了保護波羅的海出海口，免受瑞典軍隊攻擊而建。要塞內有一座純金尖塔的彼得保羅教堂，是俄國歷代沙皇的陵墓所在。賴怡娟／攝影

圖設計，決定新都的街路、建築。當時彼得大帝才卅二歲，正值壯年，英氣勃發，他不僅日日騎馬巡視工地，甚至爲鼓舞被嚴寒凍得士氣低落的工兵，捲起袖管親自加入工作。

首先建立的建築物，是在涅瓦河畔兔兒島上的彼得保羅要塞向北安置了三百門大砲，防禦將要建起的新都。原本要塞的城牆爲磚造，十八世紀後半才改建爲花崗岩。要塞裡有一座一百二十二公尺高的純金尖塔——彼得保羅教堂，倒映在涅瓦河中，揮灑出新都的第一筆富麗風采。

要塞的東側，有一幢木造的建築物，名叫「彼得小屋」，這是當

年彼得大帝為了要監督要塞的建築工程而建的，屋內陳設簡樸，至今仍保存著當時的模樣，使人得以一探昔年大帝的風采。遙想當年身披大氅的年輕皇帝，縱馬直上要塞，瞭望汪洋大海，誓言「我們將在海中站起來」，是何等的英雄氣勢。

可惜，後來由於涅瓦河經常氾濫，新都的中心移往南岸，這座要塞因此失去了捍衛作用，而被移作監獄，帝俄末期的政治犯如杜思妥也夫斯基、高爾基等人，以及許多著名革命份子（如列寧的兄長），皆被囚禁於此地過，這恐怕不是彼得大帝建城當時所料想得到的吧！

美夢終於成真

　　接著1704年完成的海軍總部，使彼得大帝的海上雄風夢想逐漸成形。這座建築擁有一座高懸的金色尖塔，頂上裝著一個船形的方向儀，聳立空中，不斷迴轉，象徵著新都向海上發展的精神。

　　但是，新都的建設並不是如此順利，在低濕之地建築原非易事，再加上涅瓦河氾濫，更添困難。於是彼得大帝發佈各項命令解決困難。爲了集中國內所有的石工，他禁止新都之外的地方建築任何石造的建築；爲了充實建築材料，他命令所有來到新都的船舶、貨車必須運載相當於貨品重量百分之十的石頭或瓦才准通行。同時，步行者要進入新都，必須在城門下放置一塊石頭。

　　就這樣，一座座華麗、輝煌的高塔巨樓，一砂一石地堆積了出來。1714年，新都建設完成，彼得按照俄羅斯正教的聖人「使徒彼得」的名字，命名爲「聖彼得堡」，同時下令莫斯科的貴族遷來新都居住，豪門巨邸紛紛建起，荒島終於成大都，美夢成眞。彼得大帝眞的憑空爲俄國建了一座富麗的出海窗口。

　　1725年，彼得大帝逝世，繼任的沙皇仍眷戀莫斯科的生活，將首都又遷回莫斯科，使聖彼得堡沉寂了好一陣子，直到18世紀中葉才又重獲青睞，再次成爲帝國的首都，並在凱薩琳二世統治

聖彼得堡黃金廣場。賴怡娟／攝影

期間進行一連串的建設。

第一次世界大戰，原爲德國名字的聖彼得堡被改爲俄名「彼得格勒」（Petergrad）。1924年１月列寧逝世後，再次更名爲「列寧格勒」（Leningrad）。直到1991年12月蘇聯解體後，這座城市才恢復了它的原名——聖彼得堡。

走入帝俄的華麗世界

彼得大帝逝世之時，新都聖彼得堡早已如他所願，成爲一座繁華的大城，而帝俄也在他治理下，邁向全盛時期。聖彼得堡正如中國盛唐時的西安，以披金戴銀的豪華面貌，在盛世的富麗史劇中扮演著主角的地位。彼得堡之作爲全俄的音樂、藝術、社交中心可以從托爾斯泰的鉅作《戰爭與和平》及《安娜‧卡列尼娜》的場景中可見一斑。

可惜帝俄的貴族們只知揮霍，忽略了國內因貧富不均而引起的洶波暗流。經過凱薩琳女皇的極盛之世後，帝俄便逐步走向下坡，而彼得堡的氣氛也由原來的富麗堂皇逐漸轉爲奢靡頹廢。在帝俄晚年的文豪杜斯妥也夫斯基的名作《罪與罰》中，他已被描寫成一座充滿罪惡、貧窮的城市。

帝俄時代在彼得堡所建的豪華建築不可勝數，而最能表現出帝俄貴族世界色彩的，則當屬藝術廣場、艾爾米塔齊美術館以及最著名的多宮。

藝術廣場位於最繁華的涅夫斯基大道上，在這片廣場的周圍，矗立著音樂廳、歌劇院、戲劇院等，是文化與藝術的中心；艾爾米塔齊美術館是俄國最大的美術館，與法國的羅浮宮、英國的大英博物館並稱。這是凱薩琳女皇首建的美術館共有一百二十個廳，收藏包括有達文西及拉斐爾的畫作等數十萬件藝術品。

冬宮則是一座巴洛克式的建築，於1754到1762年間，由佛羅倫斯名雕刻家所建。屋頂飛延的長度將近兩公里，壁面雕塑一百七十六座雕像，是王宮中規模最大的一個，佔地九公頃，室內總面積達四萬六千平方公尺，裝飾燦爛豪華，每一個房間都是一個藝術作品。白色的廊柱，淺藍的窗框，高貴如女皇；然而，聳立於簷上的人物雕像，靜靜俯視著沉緩的涅瓦河水流逝。彷彿輕嘆著彼得堡、彼得堡。

　　聖彼得堡的光輝歲月終究已去，帝俄貴族世界早已成過眼雲煙，徒剩瑰麗的千宮萬殿，搖盪在涅瓦河的白夜裡，紀念著逝去的帝俄全盛時期。今日，這座帝俄全盛時期的代表建築，終於擺脫共產時代的保守封閉，成為新興的旅遊觀光勝地。

chapter 3
故事，
一些過往

從前、從前，故事總是這麼開始的

可愛的、恐怖的、血腥的、感人的

故事，傳奇，和一些引人低嘆的過往，

在斑駁的城牆上，

持續流轉著。

　　格拉姆斯城堡之所以聞名遐邇，是因為曾經的兩位主人——蘇格蘭國王馬克白與幼年時的伊莉莎白太后。但這裡最受遊客歡迎的主人卻是傳聞已久的古堡幽靈。

鬼之城

古堡裡的鬼魂

　　蘇格蘭是一個獨特的地方，自然條件雖不得天獨厚，歷史的厚重感卻隨處可見。豪門望族的府第與城堡歷歷在目，儀仗隊的士兵也還穿著傳統服裝。這裡有全歐洲最美的城市，訴說著蘇格蘭昔日的榮光。

　　從西部沿海的阿伯丁起，有一條古堡之路，一直蜿蜒到格蘭山區深處。沿途很多昔日的要塞，都是蘇格蘭歷史上不斷反抗臨近的英格蘭統治的見證。

　　格拉姆斯城堡便是位於古堡之路上，是一座兼具法國特色與蘇格蘭風格的建築物。諾曼第式的角樓將古色古香的蘇格蘭塔樓圍起，堡主家族的家徽是兩隻動物交纏在一起的石像，象徵了一千二百年前基督教與異教在蘇格蘭的際會。

　　或許是因為蘇格蘭人生來就喜歡與神秘事物生活在一起，篤信超自然的力量；也或許真的有人目睹了這裡的鬼魂，因此才有了一些世代相傳的幽靈傳說——包括不願離去的堡主鄧肯國王、殘忍的比爾德爵士、身穿白衣舌頭被割掉的女鬼以及四百年前被

當成女巫活活燒死的灰女士的鬼魂，至今都還在堡內隨處出沒。

馬克白的悲劇

莎士比亞由格拉姆斯堡的鬼魂傳奇中得到靈感，寫下了四大悲劇之一《馬克白》：馬克白原是蘇格蘭的將軍，剛剛打完勝仗凱旋歸來，深受國王的寵信，加官晉爵。在回程中，遇見女巫，預言他將來會做國王，也預言另一位將軍班闊的子嗣會世代相襲王位。馬克白把這件事告訴妻子，妻子遂說服他在國王來訪那一夜，謀殺國王，篡奪王位。為了防患於未然，他又派人謀殺班闊，但班闊的兒子得以逃脫。

此後馬克白成為暴君，剷除異己，血流成河。馬克白的妻子良心難安，患了夢遊症，最後自殺身亡，而馬克白也因眾叛親離，終於死於仇家之手。

這齣戲劇以格拉姆斯古堡為背景，主要角色除了王公將相之外，還有超自然的女巫以及鬼魂；氣氛之詭異，在莎士比亞諸多劇作中最為突出。其中又以馬克白即位之後兩度見到班闊的鬼魂出現為一大高潮。

馬克白第一次見鬼，大驚失色，說出：「你不能說，是我幹的：別對我／搖晃你血淋淋的頭髮。」第二次見鬼，又說：「走開！別給我看到！讓泥土藏起來！／你的骨髓已乾，你的血已冷；／你那兩眼茫然無神，只乾巴巴的瞪著！」莎士比亞以高妙的筆法生動地描繪出鬼魂的幽怨。

最後馬克白頹然發出最深沉最絕望的喟嘆：「生命是個故事，／由白癡道來，充滿聲音與憤怒，／毫無意義。」——這當然是對他們夫婦這種野心無止境的人而言。

從格拉姆斯堡的「小女巫」到皇太后的伊莉莎白

1900年，被人民尊崇為「江河日下的皇族史上最後的完美代表」的伊莉莎白誕生在屬於自家的格拉姆斯堡，並在此渡過無憂無慮的童年。

伊莉莎白的父親斯特拉思莫爾伯爵是蘇格蘭貴族，家庭雖然不很富有，但頗受尊重。這是當時英國社會的重要特徵：淵源可以追溯到十五世紀的格拉姆斯是馬克白的祖國，而悠久的歷史會帶來榮耀。

伊莉莎白在一生中表現出不尋常的生命力，無論從哪方面看，這都得益於浸浸潤在蘇格蘭迷霧中的童年時光。傳說馬克白夫人曾在格拉姆斯堡把匕首插入鄧肯國王的心臟，鮮血染紅了白晳的雙手；又傳說有一個毛絨絨的狼人曾踏遍城堡的屋頂和樓梯，留下深夜裡持久不散的恐怖氣息。從六歲開始，這些繪聲繪影的傳說就占據了小伊莉莎白的想像空間，使得她膽大無比，除了牙醫，無所畏懼。

既然不能沿著圍牆重現當年用沸油作戰的壯觀場面，她就經常帶領小伙伴們組成「驅鬼隊」深入古堡探險，因此養成膽大心細的性格。以後，伊莉莎白一路從少女時代英勇的戰地護士到抵抗納粹的國母，再到華貴和藹的皇太后，個性裡始終都還潛伏著來自格拉姆斯堡的冒險因子。

城堡的結構

要塞：是一個小城堡，通常複合在大城堡裡面。要塞功能主要是作防禦之用，通常由城堡屬民執行防守。如果外城遭外敵攻陷，防衛者可以撤守至要塞中作最後的防禦。在許多著名的城堡案例中，這種複合性的建築是先從要塞蓋起，原本便是該舊址的防禦工事。隨著時間演進，這個複合建築會向逐漸向四周擴建，包括外城牆和箭塔，以作為要塞的第一道防線。

城牆：石牆具有防火以及抵擋弓箭和其他投射武器攻擊的功能，能令敵軍無法在沒有裝備的情況下，爬上陡峭的城牆。而城牆頂端的防衛者則可以向下射箭或投擲物件對攻城者施襲。

箭塔：建在城角或城牆上，依固定間隔而設，作為堅固的據點。箭塔會從平整的城牆中突出，讓身在箭塔的防衛者可以沿著城牆面對的方向對外射擊。而城角的箭塔，則可讓防衛者擴大攻擊的面向，向不同的角度作出射擊。箭塔可以讓守城人從各個面向保衛城門。若干城堡一開始時只是一個簡單的箭塔，爾後擴建成更大、具有城牆、內部要塞和附加箭塔的複合城堡。

城垛：位在城牆頂端後面的平台，可以讓防衛者站立作戰。在城牆上方所設置的陡口，可以讓防衛者向外射擊，或在作戰時，得到部份的掩蓋。這些陡口可以加上木製的活門作額外的防護。狹小的射擊口可以設置在城牆裡，讓弓兵在射擊時受到完全的保護。

壕溝、護城河和吊橋：為了突出城牆的高大優勢，城牆底部會挖掘出一道壕溝，環繞整個城堡，並儘可能在這道壕溝內注滿流水以形成護城河。壕溝和護城河讓直接攻擊城牆的難度增加。如果穿戴裝甲的士兵掉到水裡面，即使水深較淺，也會很容易被淹死。護城河的存在也增加了敵人在城堡底下挖掘地道的困難度，因為地道如果在挖掘期間坍下，挖掘者就很容易被護城河的河水淹溺。在某些攻城的案例中，攻城者會在攻擊之前，設法將護城河的水排走，然後填平乾涸的護城溝，再用攻城塔或雲梯來攻上城牆。

吊橋則橫跨在護城河或壕溝上，讓城堡的居民方便在需要的時候進出。遇到危急時刻，吊橋會被吊起，以恢復壕溝的作用並緊閉城牆。

閘門：是堅固的柵欄，位在城門的通道上，必要時可以落下以堵住門口。城堡的城門是一個有內部空間的門房，乃防衛城堡的堅固據點。人們可以透過一條隧道從城門的通道到達門房。在隧道的中間或兩端，會有一層或多層的閘門。滾動的機械作用可在門房的上方吊起或落下閘門做嚴密的防護。閘門本身通常是沈重的木製或鐵製欄柵，防衛者和攻城者則在閘門的兩邊射擊或刺戟。

外堡：堅固的城堡會有外城門和內城門，而兩道城門之間的開放區域就被稱作外堡。它由城牆包圍，設計的目的是用來讓穿越外城門的入侵者落入陷阱。攻城者一旦到了外堡，就只能從外城門撤退或向內城門繼續攻擊；此時，往往淪為弓箭和其他投射武器的攻擊目標。

防衛者：在天下太平時，只要少數的士兵就能夠防衛城堡。在晚間，所有的吊橋都會被吊起，閘門並會落下以緊閉門口。在攻城的威脅下，自然會需要更多的兵力去防衛城堡。

當攻城者作出攻擊、或企圖排走護城河裡的水、或填平壕溝時，就需要配置足夠的弓兵和弩兵，從城牆上或箭塔上向攻城者射擊。只要攻擊能造成傷亡，就可打擊攻城者的士氣並降低其作戰實力。如果能以投射武器開火，對攻城者做出沈重打擊，更有可能就此將敵軍驅離。

如果攻城者採取緊密的肉博戰，就需要戰力強盛的劍兵加以對抗。士兵必須從平台上投下石頭或澆下沸騰的液體，也必須修復受到破壞的城牆，或使用燃燒中的投射武器向敵人丟擲火焰。積極的防衛者會尋找機會從城堡衝出，突襲攻城的軍隊。快速的突襲主要可燒毀城牆下的攻城塔或投石機，以拖延攻城的進度並打擊攻城者的士氣。而在危急的時候，地方上的農民將被徵召服役。雖然他們沒有接受過弓劍訓練，卻可以擔任許多其他任務。

西元509年，瘟疫在羅馬大肆流行，當時的教皇奧里略一世率眾舉行祈禱消災彌撒，正走向古堡的時候，忽然看見大天使米迦勒顯現於城堡上，手持一柄長劍，正緩緩的插入劍鞘。米迦勒一向被視爲神的使者，往來於天地間，因此人們相信災難即將過去，不久後瘟疫果然銷聲匿跡。爲了紀念天使顯聖，教宗命令藝術家雕一座天使石像置於頂上，並將古堡改名「聖天使堡」。

天使來守護

皇帝的陵寢

　　座落在臺伯河畔的天使城堡，距離聖彼得大教堂很近，城堡的形狀是兩個圓形重疊，最底層的城牆呈正方形，高15米、每邊長89米，四個角落各設有一小塔，並分別以四大福音書的作者─馬太、約翰、馬可、路卡命名。上層圓形塔樓部份直徑爲64米、高爲21米，顏色極爲蒼古，頂上屹立顯聖的振翼天使米迦勒。

　　據說建築物本身可追溯到一千多年前哈德連王在位的時候。原本

橫跨台伯河的聖天使橋上有十二尊天使的雕像，每個天使手上都拿著耶穌受難的刑具，十二尊天使都是貝里尼的作品。李芸玫／攝影

是用作哈德連皇帝爲自己及家族所建立的陵寢，塞普提烏斯‧塞維魯斯以前的帝王骨灰皆藏置於此，當時堡頂還矗立著一座哈德連王駕著四馬戰車的青銅雕像，如今全都陳列在梵諦岡博物館裡。到了奧里略一世時，他將此處改名聖天使堡並建設城牆，之後才正式成爲城堡。

由於後期逐漸由陵寢轉變爲要塞和城堡，建築本身較強調其實用性，倒是在內部裝飾方面，歷任教皇多少用過點心思，充滿了巴洛克時期華麗、繁複的氣息。不過，單就外觀來看，若要和羅馬多數歷史建築物相提並論，確實相去甚遠，更談不上什麼明確的風格，但是在歐洲人的心目中，聖天使堡卻是一座充滿紀念意義的建築。

歐洲人最大的惡夢──黑死病

西元1347年，來自中國元朝西北的遊牧民族韃靼人（歐洲人稱之

聖天使堡與天使橋。墜入人間的天使在這裡，建於135年的聖天使堡，原是哈德連皇帝爲自己家族所規畫的墓園，中世紀時期，曾爲教皇的接待宮殿，現已改爲由58間房所組成的兵器展示博物館。

為Tartar）圍攻黑海北方克里米亞半島上一個叫做「卡法」的城市。當時義大利還分成許多小國家，而且各國都以海上貿易見長，因此大部份都擁有龐大的海上勢力，卡法就是屬於熱那亞的殖民城市。

韃靼人圍城久攻不下心情越來越煩躁，最後索性將莫名其妙染病而死的同胞當作砲彈，用投石器擲到卡法城內。熱那亞人從未看過如此恐怖的武器，漫天的死屍從天而降，摔落後又像爛泥似的四處飛濺，不久，城內的人也開始生病，人心惶惶，最後只好棄城倉皇逃回義大利。

其中一艘抵達西西里島巴勒摩的船隻同時也帶回了老鼠及跳蚤。雖然那並不是歐洲第一次的黑死病大流行，但是從此歐洲開始了無止盡的災難，死亡人數迄今仍無定論，黑死病成了歐洲人最大的惡夢。

　　左右圖／走向天使守護的古堡，心好像也被天使守護著。李芸玫／攝影

爲了紀念因黑死病而死的同胞，歐洲人建造了許多建築，最普遍的是隨處可見的黑死病紀念塔，最大型的是聖天使堡，而最有名、最有藝術價值的是佛羅倫斯聖母百花教堂洗禮堂的天堂之門。這是藝術家吉博蒂花了二十一年，窮其畢生功力才打造出來的，因米開朗基羅讚歎：「這真是一扇天堂之門」而得名。

教皇的避難所

天使城堡改建爲城堡之後，也成爲教皇的避難所，若遇變故，教皇即由梵諦岡宮廷經地道到此堡躲避。十五世紀時，羅馬曾遭圍困，教皇便曾在堡內住過一段時日。而教堂裡一些比較珍貴的東西，也全數被收藏在堡裡。

早年天使城堡也曾被用來當作監獄，城垣四圍多少還是帶有幾分類似英國倫敦塔散發出的肅殺氣息，但這畢竟都是些前塵舊事了。目前，她已是一座每年都會吸引無數觀光客前來的博物館，裡面不但陳列有各式各樣的古代兵器，還可欣賞到不少珍貴的藝術作品。

海德堡玫瑰色的城堡在落日餘暉中閃閃發光，美得讓在城裏小住的詩人歌德，不由得低低吟唱：「我把心遺失在海德堡。」

其實，何止是歌德，多少人把心裡美好的部份留給了海德堡。雨果的名言：「我來到這個城市十天了……而我不能自拔。」龍應台給小說取了《在海德堡墜入情網》的浪漫書名……海德堡就是這樣一個能輕易地糾纏旅人情感的地方，因為它實在有太多理由值得被人寵愛。

歌德將心丟失的地方

德國浪漫主義的象徵地

位於法蘭克福以南一百公里的海德堡，有奧登林山在旁，是內卡河流入萊茵平原的交會口，更是德國最古老的大學城。依山傍水的海德堡，人文氣息濃郁；無論在德國境內或其他地方，這裡一直是人們心目中德國浪漫主義的象徵地。

海德堡這個名字首次出現在紀錄上是在1196年，那時候的海德堡指的是宮堡下、內卡河兩岸的古城區。西元1386年，海德堡大學創建後，城鎮開始急速發展，但在十七世紀末，海德堡卻在法王路易十四拓展版圖的軍隊攻擊下，幾乎全毀；直到十八世紀，才依原本巴洛克的城市原樣重建，這個重建的城市大致就是現今海德堡的模樣，只有宮堡仍保留廢墟的狀態。今日的海德堡雖已成為旅遊德國的必到之地，但通常遊客來此並沒有特定的參

觀對象，而是欣賞著整個城市特有的氣氛。

　　這座紅褐色的古城，座落於綠樹環抱的山腰下，山下是浪漫的萊茵河輕快地流過，四周濃密的葡萄園，篩過一地閃爍的陽光。每當夕陽西下，下了課的學生抱著書本湧到街上，有的成群結隊，湧入啤酒館中高談闊論，有的三兩成群，聚在河邊彈吉他唱歌，更有雙雙對對的情侶，攜手漫步在石砌的道路上，整個城市躍動著啤酒、音樂與青春的氣息。

紅褐色的海德堡古城，座落於綠樹環抱的山腰下，山下是浪漫的萊茵河
輕快地流過，四週濃密的葡萄園，篩過一地閃爍的陽光。

故事，一些過往

城市內，到處都有啤酒店、酒館、咖啡座等，這其中以建於1472年的希爾休卡謝酒館最古老也最著名。這座酒館位於有名的「哲學家之路」的入口附近。

「哲學家之路」曲徑通幽，兩旁樹木蓊鬱，鳥語花香，被譽為「歐洲最美麗的散步場所」。音樂家舒曼、作家馬克‧吐溫、文學巨匠歌德都在這條林陰小道上留下了足跡。

浪漫的城門

海德堡的戀愛與啤酒之風，似乎是久已流傳了，連它城內的古蹟，都富有這份浪漫的氣息。海德堡的城堡建於13世紀，原始城堡規模極小，十四世紀至十七世紀前半曾數度增建、翻修，結果混合哥德、文藝復興、初期巴洛克樣式，構成複雜的結構。

走進城堡，除了一股浪漫氣息，還有一陣陣啤酒香。鍾宛廷／攝影

踏著石砌馬路，首先看到的是一座沒有了圍牆的城門，它是「伊麗莎白門」，建成於1615年。這是德皇佛烈德利希五世，爲了讓他心愛的王妃伊麗莎白得到意外的驚喜，因此在她的生日前夕，一夜之間趕建好的美麗城門。

雖然城牆內外多已損毀，但城門依舊聳立，傳說情侶若在城門前留影，則會締造美滿姻緣。穿過城門，想像著落日餘暉時分，相擁輕語漫步在上的雙雙對對情侶，應是人間幸福的寫照。

「大酒桶」與侏儒佩克歐

走進海德堡的古堡裡，可以看到兩個特別的設備，一個是大酒窖，另一個是舉世聞名的「大酒桶」。大酒窖內裝滿了一桶桶的葡萄酒，這些大大小小不同的大酒桶，總共可以貯藏廿八萬公升的酒。倘若以一個人每天喝一公升的葡萄酒的話，則必須連續喝685年才能喝完這桶酒呢！此外，地窖旁尚有兩個橡木桶，直徑分別爲三公尺和一公尺，當初之所以會建造這麼巨大的酒桶，除了是應付城堡中嗜酒老饕的需求外，也是貴族們收繳佃農葡萄酒最好的儲存方法。

傳說在十六世紀末，有一個名叫佩克歐的宮廷弄臣，受命專門看管這個大酒桶，據說他是個千杯不醉的酒仙，平日以酒代水，但也會藉酒助興，自娛娛人。久之，大家爲了他的健康著想，都力勸他少喝酒，多喝水，想不到佩克歐卻在改飲下一杯水之後暴斃。城堡的堡主

於是刻了一個他的木雕像掛在酒桶上，並封他爲酒神，希望能讓
以後釀出來的酒都很好喝，不管傳說是不是眞的，走近酒桶的封
口，似乎隱約仍可聞到一股葡萄酒味！同時在酒窖牆上也掛著紅
髮矮小帶著笑容的佩克歐畫像，可見佩克歐確是海德堡人的守護
神，也是歡樂人生的象徵。

海德堡大學

克藤巷與葛拉本巷之間是海德堡大學區。舊大學建築物建

從城堡高處俯瞰，萊茵河的美景盡收眼底。鍾宛廷／攝影

於1712年至1728年，其東翼有一個極具歷史性的「古代大學生禁閉室」。

　　從前，大學的行政單位對大學生有處罰權。尤其因酗酒、重大的騷擾、滋事，或半夜裡喧鬧、侵犯別人安寧，可以禁閉14天。假如和警察發生衝突，則可以禁閉至四星期之久。據說那些微細犯行的學生，通常會被認為是瀟灑的「騎士」、「俠客」，所以還有些學生會故意犯錯想要被關進來呢。

　　新大學建築物建於1931年，其內庭有個女巫塔樓（或稱魔女廚房），展示有十六世紀到十八世紀的藥草和製藥的器具；建於1901至1905年的大學圖書館，則有一間展覽室，展出一些珍貴的手稿。

　　海德堡大學至今仍是德國一流的學府，培育過無數的英才。在這大學城中，四處充滿了蓬勃的朝氣。啤酒館中那高談闊論的亂髮青年，或將是明日議壇上的風雲人物；倚在橋邊沉思的那矮小青年，可能是未來留名千古的偉大文豪；河畔唱歌的少女，會是第二個貝多芬；山坡上凝神的少年，會是另一個愛因斯坦。在海德堡青春歡笑的人文氣息中，含富著無數的憧憬和希望。

玫瑰色的城堡美得讓詩人歌德，不由得低低吟唱：「我把心遺失在海德堡。」來到殘缺的城堡，坐下來享受一下懷古心情吧。高嵩明／攝影

法國的太陽王路易十四因壯觀輝煌的凡爾賽宮而流芳百世，然而德國童話國王路得維西二世的命運卻截然不同。為了實現他對中世紀的狂熱懷想，路得維西二世蓋了一座如夢似幻的新天鵝堡；為了媲美凡爾賽宮，他又興建了金碧輝煌的賀倫金湖宮城堡，而在背負著掏空國庫的罪名之際，他卻被指為精神錯亂而莫名其妙地溺斃湖中，留下許多是是非非任由後世評斷。

而這座瑰麗宏偉的城堡，就彷彿是這位天才橫溢的年輕國王充滿傳奇色彩的一生寫照，讓人感嘆的同時，似乎也窺見了一段不為人知的宮闈祕史。

最夢幻的傷心地

羅曼蒂克大道

十九世紀初，浪漫主義的思潮影響整個歐洲，而其中以德國最甚。浪漫主義形成的原因是，自法國革命以來，整個歐洲陷於激烈的動盪，在這種時代背景成長的青年都嚮往自由及自己的主張，並憧憬古希臘羅馬。而且當時古典主義過份概念化的形式令人無法忍受，於是有的人開始反抗古典主義，有的人則投注於現實的動人事件，並將此感動提昇為想像世界。這種風潮便稱為浪漫主義。

這種思想影響很廣，包括了文學、音樂、藝術甚至於建築各方面，因此當時德國很流行仿中世紀城堡、擬古城的建築，各地

都在修築毀壞的中世紀城堡，或在有來歷的中世紀城堡遺跡上建造新城堡，這也是浪漫主義的一種表現。

於是德國出現一條北從梅因河畔的古都伍茲堡，南至新天鵝堡的「羅曼蒂克大道」，這條浪漫的大道上滿佈中世紀的古城、祥和純樸的農村、如夢似幻的城堡。而其中最大最美的便是路得維西國王所建的新天鵝堡。

迷戀華格納的路得維西二世

巴伐利亞國王路得維西二世出生於慕尼黑的寧芙堡，從小個性就

，一些過往

新天鵝堡是巴伐利亞王國重要的文化遺產，也是迪士尼樂園中小小世界的原型，每年吸引大批的遊客前來。

極為害羞內向。一年中他最喜歡的時間，是夏天假期在皇家舊天鵝堡（Hohenschwangau）城堡裡的生活。那裡是路得維西的父親馬克西米連二世於1832至1836年間，在十二世紀的要塞遺址上興建的新哥德式城堡，城堡內處處可見描繪中世紀史詩和傳說的壁畫，為這位自幼愛好戲劇、音樂，善良高貴而又想像力豐富的王太子奠下了對中世紀騎士生活的神往。

路得維西15歲時第一次在慕尼黑的宮廷劇場觀賞浪漫主義音樂巨匠華格納（Wagner）的歌劇《天鵝騎士》（Lohengrin），歌劇內容主要敘述中世紀英雄羅安格林的故事，當時他激動的全身顫抖，自此與華格納結下無法割捨的情誼。

1864年，馬克西米利安二世逝世，18歲的路得維西繼位。數日之後，年輕的國王即派遣他的部下前往慕尼黑邀請華格納到他的皇宮，在這之前華格納才因債務逃往維也納。對華格納而言，路得維西二世像是他的天使前來拯救他。新王成了藝術家的贊助者。對十八歲的國王來說，華格納簡直是神，他對他言聽計從。未幾，社會對華格納的傲慢與自大感到厭煩，同時也嫉妒他對新王的影響，大家深恐華格納會左右國王的政治立場與施政，因此華格納被迫離開巴伐利亞前往瑞士。

但是國王與華格納的友好關係一直持續到華格納客死異鄉為止。他不斷拿出大筆金錢讓華格納的作品上演，並負擔華格納畢生最大的事業——拜羅劇場的建設及營運經費，甚至還在林德霍夫宮的後山挖了一個山洞專門演出華格納的音樂劇。據說朝廷裡的財務官曾氣得將付給華格納的年金用小額硬幣支付，華格納只好用牛車去拉。

在和華格納交往的19年中，路得維西國王曾先後資助華格納56萬餘馬克，然而這樣的揮霍，並未讓華格納在藝術上面讓步，

他相當堅持己見，即使是國王這種重要的贊助者的意見，他若不認同也會毫不顧忌地拋在一邊。因此路得維西雖醉心於華格納的作品，但是對於創作者是華格納而非自己也感到遺憾。於是他將國王的權力、財力及熱情全部注入興築夢中的城堡。

情寄夢幻城堡

　　熱愛藝術的路得維西二世非常喜歡阿爾卑斯山區，加上他既不喜、也不擅處理國政，因此常遠離慕尼黑的王宮，而住在舊天鵝堡。1866年，他宣佈要在舊天鵝堡附近高處的山嶺上一個能夠「凝神天籟」

這座童話色彩濃厚的古堡是國王路得維西二世的夢的世界，一個專屬美的世界。瑰麗宏偉的城堡，彷彿是這位天才橫溢的年輕國王充滿傳奇色彩的一生寫照。

之處，翻修兩座古代城堡的遺址，依原始中世紀騎士城堡風格修建一座「新堡」。它不僅應舒適美觀，能將周圍的山川美景盡收眼底，更重要的是，這座城堡應建為一座凌空而不染俗塵的宮闕——這就是新天鵝堡。

但促使國王落實他長久以來所懷抱的築城願望其實是一件不明究裡的解除婚約事件。路得維西在廿一歲那年與美麗的蘇菲公主訂下了盟約，但在舉行婚禮的兩天前他卻突然宣佈解除婚事，此後一生未娶。令人不解的原因，據說是因為國王對女性沒有一點興趣，反而偷偷寵愛著他的侍從。但他對自己同性戀的傾向有著強烈的罪惡感，更糟糕的是，他時運不濟，繼任王位沒幾年就接連發生了普奧和普法戰爭，最後不得不在普魯士的首相俾斯麥的要求下同意加入德意志聯邦。這令他益發消極避世，以至於後來乾脆不問國事，拒絕接見所有大臣、官員，成天在山間遊盪，並藉由興建城堡來一圓他的國王夢。

超塵脫俗的天上宮闕

由於對大音樂家華格納的崇拜和讚賞，以及對中世紀騎士傳說的鍾愛，從一開始這裡就計劃裝飾以描繪華格納歌劇中所表現的中世紀傳說故事的壁畫。而1867年國王參觀的中世紀古堡——瓦特堡，其外形及內部大廳也給了他重要的設計靈感。從1869年開工建造，1884年國王正式入住主樓，直到1886年路德維西去世，歷時十七年，宮殿也未能真正完工。雖未達到最初設計的規模，然而它卻已為後人展現了一個如詩如幻的理想境界。如今新天鵝堡不但成為德國最賺錢的旅遊勝地，而且迪士尼樂園還仿其外觀興建灰姑娘古堡，舉世知名。

由灰白色花崗岩打造的新天鵝堡高高地佇立在波特拉峽谷一

國王另一個傑作——林德霍夫宮建造於1879年，乳白色的外觀，掺雜著文藝復興及巴洛可的建築特色，更融合了國王為實現神話般的熱情，主要是模仿凡爾賽宮的小特里阿儂宮（*Petit Trianon*）建造，花園中的金飾噴泉，以希臘神話為繪畫題材。因為它的規模比較小，所以在動工後5年完工，這也是在路得維西二世生前唯一完工的城堡。

處峭壁的背脊上。也許是因為它最初的建築草圖不是由建築師所畫，而是由劇院畫家和舞台設計家繪製，所以才會散發出有那種迷幻舞台的感覺。

其實新天鵝堡並不特別需要景觀的設計，因為國王在心中構思城堡的藍圖時，早已將城堡與天然景觀合而為一。正因為這樣，城堡在四季中呈現了不同風貌。蒼林鬱野間，靜靜地鋪展開的四個湖泊，絲絨般平滑的沉沉湖水，圍繞在城堡四周，城堡就像是大自然那美麗山間的一座巨石。

堡內最大、最主要的大廳是五樓的歌手大廳Saengersaal。大廳一開始的設計原以中世紀吟遊詩人唐璜故事為背景，旨在結合瓦特堡的宴會大廳和歌手廳（演出廳，傳說中這裡曾發生過歷史上著名的「歌手之爭」）的佈局格式，並以壁畫描述唐璜傳說。

然而當國王後來讀到華格納歌劇《帕齊法爾》的劇本時，深深為中世紀騎士帕齊法爾的故事所吸引。帕齊法爾從一個單純的孩子歷經磨難終於達到信仰與心靈的昇華，從而被上帝甄選為聖盃堡國王，來護衛傳說中能救人於苦難的聖盃。也許這個故事契合了虔誠信仰基督教的路得維西二世內心對完美精神境界的追求吧，於是帕齊法爾的故事成為「歌手大廳」系列壁畫的最重要的主題。同時，國王也希望能以新天鵝宮來再現聖盃堡的神聖、高潔和完美。

而在宮中其它房間內，以《尼伯龍根之歌》、《特里斯坦和依紹爾得》、《天鵝騎士》等古代神話和中世紀傳說為主題的系列壁畫也同樣是室內裝飾的重點，帶人走入一個亦真亦幻的世界，彷彿穿越時空，來到中世紀騎士所生活的時代，重新體驗他們的信仰及關於愛情、過失和悔罪的道德觀。例如國王工作室的壁畫及相鄰的小巖洞的構思均取材於《唐璜》故事。

路德維西二世每天在私人的小禮拜間祈禱，他一生也似乎在尋求真正無罪的聖潔。堡裡裝飾於各個角落的吉祥物「天鵝」在基督教教義裡也是純潔的象徵。

　　堡內另一個重要的、也是最晚建造的大廳是御殿 （Thronsaal）。在主樓基本建成後，路得維西二世才決定將原先計劃用於接見臣子的房間改建為一座高大寬敞、金壁輝煌的御殿。為此工匠們採用了當時最先進的鋼架結構才使這一設計得以完成。

　　御殿帶有拜占庭教堂的風格，殿中間放置寶座處（寶座後因國王的去世而沒有製成）上方拱頂正面描繪著耶穌、聖瑪麗亞和聖約翰在天使簇擁中莊嚴而立的畫面。其下是歷史上六位聖王的畫像。路得維西以此來表現王者在人間至高無上的權力實際是神所賜予的這一理念。另一方面，高大神聖的大殿也隱喻了傳說中聖盃堡的放置聖盃的殿堂。

　　漫步於新天鵝石宮內，除了每一個房間的設計佈局都獨具匠心、每一幅壁畫和每一項器物都耐人尋味外，走在每個樓角窗前眺望堡外景色，低處清幽出塵的湖光山色和身居高空的感覺都給人一種仿若來到天上宮闕之感。也許正是害怕這座「仙宮」染上了「濁氣」吧，路得維西在世的時候，不讓太多人接近此堡。而今天那麼多遊人絡繹而來，想必也是國王非常不願意看到的吧……

　　在給世間留下了幾座凝結了歐洲文化藝術和工藝精華的宮殿後，四十四歲的路得維西二世被誣陷為「精神失常」而奪去王權。隨後他與他的心理醫生一同死於慕尼黑郊外的斯坦貝湖中。正如音樂家華格納在第一次觀見當時還是王太子的路得維西後曾描寫的：「他是那麼的俊美、靈性和超凡，使我內心恐懼他有一天會像一個短促的神之夢一樣被這個卑鄙的世界所吞沒……」直到今天，路得維西二世的死因和他不為人知的內心世界仍是世間一個哀傷淒美的謎。

克倫堡，一座傳奇的城堡。它經歷過大火和戰爭的摧殘，但至今依然巍峨壯觀，是北歐文藝復興時期建築風格最精美的宮殿。莎士比亞也以這裏爲背景寫下了著名悲劇《哈姆雷特》，然而也因爲它的華美，卻又間接加速丹麥失去波羅的海霸主的地位。

哈姆雷特復仇地

哈姆雷特的舞臺

在丹麥語中，克倫堡意爲「皇冠之宮」。該堡建於1574年，位於哥本哈根北部四十公里的海邊。從古堡的外形看，確有皇冠般美麗而輝煌的氣度。這頂「皇冠」被戴在波羅的海出海口之一的厄勒海峽的最窄處，與瑞典的赫爾辛堡市隔海相望。

在莎士比亞的筆下，哈姆雷特是個丹麥王子，他的人生悲劇就發生在這個神秘的古堡中。爲了復仇，他在這座城堡中，殺掉

了所有重要人物，並拒絕了心上人奧菲麗亞的愛情，致使奧菲麗亞精神錯亂自溺而死。最後，哈姆雷特雖然殺死了父親的仇人克勞狄斯，但自己也因克勞狄斯精心策劃的陰謀而死亡。

這位憂鬱的丹麥王子就是在這座古堡周圍遊蕩的時候見到了死去父親的亡靈，在古堡中的後花園洞悉了殘酷的秘密，然後無數次在這座古堡中

克倫堡一景。宛蓁/攝影（Pchome個人電子報：宛蓁的丹麥假期）

遊走，思考著生存還是死亡的難題。

　　據說，莎士比亞是以丹麥歷史上一個古老的傳說「哈姆雷德」作為素材，於1601年創作了《哈姆雷特》。這部悲劇雖然是以克倫堡為背景的，可是實際上，這個悲劇王子從未在堡中居住過。甚至大部份歷史學家認為，莎士比亞本人也從未到過丹麥。有可能是1589年「哈姆雷德」一劇在倫敦上演時，莎士比亞曾是觀劇者之一，才得知故事內容。而且莎翁劇團中有三位成員曾參加丹麥皇家劇團，並在克倫堡演出，他們也有可能為莎士比亞提供皇宮細節，讓他得以準確地以克倫堡為背景，賦與「阿姆雷德」新的生命，使其揚名國際。

從鉤子要塞到王城

　　不過莎翁選中克倫城堡做王子悲劇的發生地，因為它的外型陰鬱，沒有一點金碧輝煌的裝飾。舉目望去，高高的圓形穹頂空曠而陰森，綠色屋頂俯視海上迷濛輕霧，彷彿每個角落裡都充滿了玄機。

　　原來在1420年始建時，城堡的所在地叫做「鉤子要塞」，是一座用以控制海上要道的城防工事。當時的國王為了保護丹麥的利益，下

令對各國過往厄勒海峽的船隻徵收通行稅，抗稅不交者先予以口頭警告，警告無效就以炮轟之，隨後不但要交稅款，還得支付砲錢。

到了弗雷德里克二世在位時（1559-1588），由於當時是丹麥歷史上最富裕又經濟增長快速的時期之一。他為炫耀國力，於1574年下令改建要塞並命名為克倫堡宮，經十一年始竣工，資金來自對經過厄勒海峽船隻所徵得的通行稅。整座城堡由荷蘭建築師設計，用岩石砌成，褐色的銅屋頂，氣勢雄偉，而宮內則收藏了大量掛氈、油畫和雕塑。因此2000年獲聯合國教科文組織列為世界文化遺產時，評審稱讚道：「克倫堡宮是文藝復興時代城堡中的佼佼者，並在北歐歷史中擔當重要的角色。」

歷失火戰亂仍保存完好

丹麥原是北歐三國（丹麥、挪威、瑞典）的宗主國。瑞典於1563年（即獨立四十年後），首次向丹麥發動戰爭，企圖奪取波羅的海控制權。7年戰役中丹麥雖然佔優勢，卻沒有贏得決定性的勝利，令瑞典國力得以日益強大。而弗雷德里克二世受到歐洲貴族風尚影響，不以軍事威力而以財富為霸權象徵，戰後不久即虛耗國庫興建克倫堡宮，埋下了丹麥無法恢復波羅的海霸權的伏筆。

1629年克倫堡宮失火，整個宮殿均受波及，唯有宮內的教堂

左右圖／克倫堡一景。宛蓁／攝影（Pchome個人電子報：宛蓁的丹麥假期）

倖存。繼位的克里斯汀四世不理瑞
典屢興擴張，又傾盡國庫使宮廷重
現原貌，加入巴洛克早期建築風格
的內部裝飾，將屋頂由原來的圓形
螺旋塔頂，改為現在的尖塔頂。這
樣大費周章，可是王室卻於此時逐
漸遷出，另居他處。

　　在此消彼長之下，瑞典終於侵入丹麥本土，幾乎佔領全國。1658
年，瑞典大軍攻佔克倫堡宮，窺伺攻擊丹麥首都。直至兩年後締立和
約，瑞典兵才洗劫一空地離開。

　　鑑於克倫堡宮的戰略位置重要，丹麥戰後在城堡周圍加建外圍堡
壘，部署大炮，增強防禦，並且不斷復修宮殿，使之成為全歐洲最堅
不可摧的碉堡。唯大炮射程不遠，堡壘可守不能攻。19世紀初，英艦
成功避開克倫堡的密集炮火駛入波羅的海，丹麥的優勢不再。

闢為監獄兵營

　　18世紀起，克倫堡先後被闢為監獄和兵營。堡內地窖一隅有個三
角形的監牢，陰暗潮濕，常年只有攝氏六、七度，又深又窄又矮，最
末處無人可以站直擠入，不過掌權者可按需要把牢閘挪前挪後。據說
除了一名瑞典牧師外，從無囚犯活著出來。

　　此外，城堡裡還佈滿了幽深暗道，除了羈押犯人之外，主要還用
以屯兵藏糧。這裡儲存的食物足夠王公貴族吃上三個月。一旦戰事爆
發，人們可在此藏身或沿著通道到達海邊的出口。而古代英雄霍魯加
巨人的石雕像就佇立在城堡旁，傳說一旦丹麥發生戰爭時，他會甦醒
過來保衛國家。

1998年，莫斯科遭逢罕見的颱風襲擊，整個城市嚴重受損。這一夜，不待風雨過去，數十名警衛緊急圍在一處遭傾倒大樹壓垮的圍牆邊，冒雨修復六公尺厚的厚重圍牆。爲什麼這麼緊急？據傳，這不是擔心有人闖入，而是擔心幾十年來藏在圍牆中的隱密監報系統曝了光！

因爲，這裡是克里姆林宮，是除了聖彼得堡一、二百年的首都歷史外，整個俄國的權力中樞。皇室的恩怨情仇在此上演、伊凡四世與史達林在此實行恐怖統治、拿破崙在此觀賞莫斯科市的焚燒、列寧在此領導無產階級革命、赫魯雪夫於此展開與西方的冷戰、戈巴契夫的開放之路以及葉爾欽的改革都由此展開……除了權力與神秘，這個城堡，更有訴說不盡的美麗。

失落的珍寶

紅牆裡的城堡

克里姆林宮位於莫斯科中心，與紅場毗連，「克里姆林」俄語意爲內城。始建於1156年，原是尤里‧多爾戈魯基大公的城堡，當時是一座用木柵圍起來的堡壘。時至今日，整個克林姆林宮由一道厚6尺半、高14公尺的淺紅色圍牆圍住，大致成一個三角形，底邊在正南方，莫斯科河緩緩的自牆腳流過。宮中擁有許多雄偉壯觀的建築群，包括了教堂、塔樓、皇宮及辦公大樓等，色彩繽紛，宛如童話中的宮殿。

克林姆林宮的修建始於「可怕的伊凡」伊凡三世，相傳他企

圖以莫斯科取代土耳其的君士坦丁堡，成為東政教的中心，因此不惜以鉅資聘請義大利的巴洛克巨匠羅斯塔里等人來設計克里姆林宮。

首先建起來的是長達2公里半的圍牆，在圍牆上又修建了20座塔，其中較重要的5座塔分別裝飾上紅寶石鑲嵌的星星。而救世主樓是所有塔中最美的一座，在它的頂端有一座直徑6公尺的大鐘，字盤全為黃金所鑄，每15分鐘報時一次，12點整則鳴奏鳴曲。

殘酷的童話世界

救世主塔樓的對面是有「用石頭描繪的童話」之稱的聖母升天教堂，為伊凡四世慶祝與哥薩克人五次戰役的勝利所建，教堂外面五個

克里姆林宮位於莫斯科的中心，始建於1156年，是一座包含博物館、壯麗宮殿、教堂及政府機關的雄偉宮殿。它的形狀略呈扭曲三角形，活像人類的心臟，而以其重要性而言，也是俄羅斯的心臟。王瑤琴／攝影

洋蔥頭的組合讓整個外觀看起來莊嚴典雅。這種不同於歐洲基督教堂的圓頂設計，是因為東方政教著重神秘主義，堅持以象徵完美的圓形為原則。為了強調圓形，俄國建築師發明了洋蔥圓頂教堂建築，它排雪功能比碟形的拜占庭圓頂要好得多。

　　據說教堂落成時，伊凡四世在驚歎之餘，為了防止設計者設計出更完美的建築，竟下令挖掉他們的眼睛。

　　在教堂的右前方有一塊圓形的白色石臺，起初是皇帝或僧侶宣佈事情或發表演說的地方，後來卻成為處決犯人的斬首臺。18世紀領導農民革命的普加可夫便是在這裡被砍掉腦袋的。

克里姆林宮這座綠頂白牆的建築物是昔日沙皇的宮殿，也是目前政府舉行公眾儀式及接待外賓的場所。王瑤琴／攝影

　　另外，聖母升天教堂也是國家重大典禮舉行的地方，舉凡宣佈國家重大事情、歷代沙皇加冕大典……等都在此舉行，這裡也是俄羅斯大主教的葬身之所。

安靜的鐘王與砲王

　　教堂廣場前矗立著「伊凡大帝鐘塔」。此樓高達八十一公尺，鐘塔內有廿一個大鐘，最大最重的鐘重達七十一噸。這座鐘塔始建於1508年，曾經是戰略性的瞭望塔，視野最遠可達三十公里。塔上的看守者如發現有敵人入侵，立即敲響塔內的大鐘，讓城裡的軍民可以迅速備戰。

　　鐘塔另一邊的地上有一座沙皇大鐘，鑄於1735年，重達二百噸，高六公尺，是世界上最大且最重的大鐘，但於1737年的一場火災時因水的潑灑而裂開。因此成為從未敲響過的鐘王。

　　鐘王旁還有一管從未發射過的炮王，這個巨炮是目前世界上最大管口的大炮，其炮彈每顆也重達一噸，而炮的重量達40噸。

尋找失落的寶藏

　　2002年，俄羅斯傳來一個好消息——總統普亭已批准了一項挖掘克里姆林宮地下寶藏的計畫！因為考古學家認為克里姆林宮地下埋藏

殿內有七百多個廳堂，都裝飾得十分豪華壯麗，又有各自不同的風格。另外，武器庫也是參觀重點。1720年彼得大帝將之改為博物館，收藏歷代諸皇的寶物、工藝品及戰利品。其中嵌有26公斤黃金及綠寶石的福音書；鑲有兩千顆寶石的金御座；鑲滿寶石皇冠、十字架、禮服、盔甲及餐具等，都讓人嘆為觀止！王瑤琴／攝影

著珍貴的物品和文件，而一些流傳久遠的傳說對此亦言之鑿鑿，他們認為克里姆林宮的寶藏是從1156年城堡時期起開始累積起來的。

在1930年代，當時因為反對宗教，在史達林的命令下，位於克里姆林宮這一地區的基督救世主升天大教堂被夷為了平地。但在拆毀大教堂的過程中，有人發現了埋葬在地下的十七世紀的金高腳酒杯。之後在裝修克里姆林宮時，人們還發現了十三世紀的珠寶，十五世紀的軍火，以及十六至十七世紀的三

聖母升天教堂是國家重大典禮舉行的地方，也是俄羅斯大主教的葬身之所。

千多枚硬幣。

　　但有關地下寶藏的頭號傳說莫過於恐怖伊凡失落的中古世紀圖書館。1472年，伊凡三世迎娶拜占庭帝國末代皇帝之姪女索菲亞公主，新娘從拜占庭帶來了許多無價的書籍和卷軸做為嫁妝。為避免珍藏被竊和遭祝融，她雇用義大利建築師在克里姆林宮地下建了一座圖書館。

　　這座圖書館的下落充斥著謎團和傳說。一說索菲亞之孫伊凡四世（即「恐怖伊凡」，俄國第一個沙皇）找到了寶藏。若此，恐怖伊凡已把有關寶藏下落的秘密帶到墓裡了。恐怖伊凡在1552年征服由蒙古人建立的金帳汗國所分離出來的喀山汗國時，據說也搜刮了不少珍貴戰利品。

　　其後，波蘭國王西吉斯蒙德在17世紀之初與拿破崙在19世紀之初相繼率兵攻抵莫斯科時，均尋找過這座圖書館。一名俄國學者寫道，古籍可能在克里姆林宮地下第二或第三層某處。

　　據說蘇聯當局曾雇用特異功能人士和通靈人協助尋找這座圖書館。特異功能人士聲稱利用生物能偵測到了金、銀及其他金屬，通靈人的工作則是保護研究人員對抗可能在守護寶藏的「黑暗力量」。據傳說，尋找這座圖書館的人易發生意外、患病或死亡。

　　不過，當俄羅斯第一任總統葉爾欽進駐克里姆林宮時，他並不願意對克里姆林宮進行考古挖掘。但是現任總統普亭希望俄羅斯人民對俄國的歷史遺產感到驕傲，於是同意開挖克里姆林宮失落的寶藏。

座落在古城托雷多的阿卡薩城堡原本是阿拉伯國王的城堡，後來改建為天主教國王的皇宮，外型相當獨特，還被迪士尼公司定為《白雪公主》及《灰姑娘》動畫中古堡的原型，極具浪漫的童話氣息。

白雪公主的城堡

歷史的縮影──托雷多古城

位於馬德里南方的托雷多，是一座雄踞在海拔五百三十公尺的岩石山丘上的古城，伊比利半島上最長的太加斯河，流經此地突然變窄，蜿蜒地環繞古城東、南、西面，形成天然的護城河，使懸崖峭壁上的城堡固若金湯易守難攻。由於戰略位置的重要，自古以來托雷多就是兵家必爭之地。西元3世紀便被羅馬人建設為西方前線的基地；567年至711年淪為日耳曼民族西哥德人的首府，711年被摩爾人入侵佔領，至1085年才被卡斯提爾國王阿豐索六世收復，並定為國都，直到1561年遷都馬德里，才卸下政治舞台的角色，成為西班牙統一建國之歷史發展的見證。

圍繞古城的城牆共有九個城門，城內每一個角落每一樣建築，均以大大小小的石頭所砌造而成，名副其實就是一座石頭城；而這些深沉古雅的石頭，都滲透著成千上萬的羅馬人、西哥德人、摩爾人、猶太人在戰火中的血和淚，讓人更感受到古城歷盡滄桑的悲哀與壯烈。

雖然這種種的朝代更替、興衰憂喜，時到今日已不復痕跡，那些風雲一世的將軍戰士、貴婦美女，更已成了作古先人，但西班牙政府非常珍惜托雷多所留下最燦爛的史頁，莫不全心全力維護保存古城的風貌，不僅下令嚴禁拆舊建新，連道路也不准拓寬。因此，這座十六世紀的古城至今依然保有古樸堅韌的建築、精雕細鑿的工藝、氣壯山河的史蹟及高貴的氣質。

托雷多一景。

城市之光

　　矗立在古城托雷多最高山丘上的阿卡薩城堡，被當地人傲視爲「西班牙的榮耀和城市之光」，承載著一段光榮的歷史。

　　它的原址在羅馬時代是御衛隊基地，後來的西哥德人和摩爾人陸續加以補強使用。而卡斯提爾王國的阿豐索六世國王於西元1079年在摩爾人手中攻下城池之後，將它作爲卡斯提爾和阿拉岡

阿卡薩城堡經過內戰，破壞非常嚴重，後來由佛朗哥將軍下令重建；如今城堡已恢復昔日輝煌的面貌，浪漫的銘黃城牆色調、寶藍的尖屋頂，多次出現在迪士尼公司的《白雪公主》、《灰姑娘》動畫中，但城堡裡再也沒有公主王子的身影，而是改作博物館之用，主要陳列甲冑武器和殖民時代的戰利品。王瑤琴／攝影

軍對駐紮之用。當時的托雷多因爲摩爾人引進紡織業，呈現繁榮的景象，即使卡斯提爾王國統治後也是如此。

從十二世紀末到十三世紀初，阿豐索八世以此爲據點，將破壞的古老城堡全部拆除，重新建造了今天我們所看到的城堡。不過後人陸續增建，工程一直到十五世紀中葉才全部完工。

十五世紀的西班牙，不僅異族入侵且境內的諸多王朝也分崩離析，因此在阿卡薩城堡發生了許多重要的歷史事件，其中1474年在此堡登基的伊莎貝拉女王是最活躍的主角。

緊密的王室聯姻網路

伊莎貝拉女王從小就跟隨母親過著被放逐的生活，缺乏正規教育，但卻有異常敏銳的政治嗅覺。1474年，國王亨利四世駕崩，原本應由其女法娜繼承王位，但法娜據說是王妃和寵臣貝耳特蘭所生的私生女，於是伊莎貝拉當機立斷，在第一時間否定了法娜的合法正統性，接著由阿卡薩城堡直奔主廣場，接受市民的歡呼，並在托雷多大主教的主持下舉行加冕儀式。

登基後的女王，進一步透過大主教說服教皇同意她與阿拉岡國王斐迪南的聯姻，使這兩個王朝兵不用刃的戲劇性結合，這段聯姻更成爲歷史美談。

由於伊莎貝拉女王，非常重視人文、藝術、科學，以及收集整理宗教經典、古籍文

物，並引用當時歐洲最新的印刷機，印行大量書籍推廣教育，也協助夫王發展經濟改革、開拓殖民地、制定貿易法等，奠定了西班牙邁入黃金時代之基礎。尤其，女王終生虔誠信仰天主教以及和夫王並肩作戰完成統一大業，五百年來仍然受到西班牙無比的尊崇。

兩位國王，在晚年曾傾其餘生之力，很巧妙地為子女安排婚姻，堪稱是歐洲王室有史以來分佈最廣也最緊密的婚姻網路，但除了三女兒瑪麗亞最為幸福外，伊莎貝拉女王這項偉大的聯姻夢想仍是徹底破滅，最後竟然沒有子嗣繼承王位，在懊喪的情況下，於1504年長眠於格拉那達。後來，斐迪南國王一心一意想要再有子女，於是和法王路易十二的姪女再婚，果然喜獲麟兒，但未幾就夭折，斐迪南的第二個夢想又破滅，於1516年去世，比女王多活了12年，王位則由外孫即瘋女喬安娜（二女兒）的長子查理繼承，真是人算不如天算啊！

難忍的城堡生活

阿卡薩城堡形勢險要，在軍事上應屬絕佳的要塞，但周圍盡是一片紅褐色荒涼的曠地，較不適宜作為王宮。由於此地是伊莎貝拉女王從小生長的地方，存有一份濃濃的感情，且斐迪南國王也顧慮到西班牙雖然已獲統一，各大城分裂情況仍然嚴重，局勢尚無法穩定，因此仍將首都定在托雷多。

斐迪南國王逝世後，傳位外孫查理一世，後來還被封為「神聖羅馬皇帝」，除西班牙外尚擁有奧、德、荷、比等國大部份領土。1556年傳位子菲力浦二世，再合併葡萄牙，使西班牙成為當時歐洲第一大國。

菲力浦二世於卅三歲時，娶法國國王亨利二世之十四歲伊莎

伯娜公主作爲第三王妃，從小就在巴黎享盡美麗皇宮情趣生活的小王妃，來到托雷多後，無法忍受冷峻枯燥的城堡生活，經常向巴黎的凱薩琳母后訴苦。菲力浦憐香惜玉特別寵愛小王妃，因而於1561年決定遷都馬德里，係遷都主要原因之一。

至於這位備受驕寵的小王妃，傳說她與菲立普二世前妻所生的克羅斯王子有過一段淒美的不倫戀，二十世紀以來曾多次被影射改編歌劇或小說。而自古紅顏多薄命，這位伊莎伯娜王妃在23歲青春年華時便因病去世。

西班牙的榮耀

十六世紀，西班牙因爲極力擴充她在歐洲的領土和海外的殖民地，因此很快就在世界上取得相當重要的政治地位。它變成了反改革的中心，接連發生的宗教暴行，使得整個國家在菲力浦二世過世後，就漸漸分崩離析，因爲西班牙爲了維護天主教信仰而發生許多戰爭。後來，西班牙發生了王位繼承戰爭，再加上血腥的拿破崙入侵，阿卡薩城堡屢遭縱火破壞，到了1846年經過整修，被作爲步兵學校之用。

1936年西班牙內戰時，佛朗哥軍隊指揮官莫上校率軍堅守古堡。敵軍團團圍住，並以他的兒子作人質要求投降，莫上校在忠孝難以兩全之下，毅然以國家爲重，不受敵軍威脅死守城堡。慘烈的戰鬥持續至第72天，正當傷亡慘重糧盡彈絕之際，幸賴援軍及時趕到驅退敵軍，而莫上校英勇的事蹟，博得舉世同欽，他和敵軍間的生死對決，被列入西班牙的教科書，阿卡薩城堡也成爲一座浩氣長存的堡壘。

在小說家詹姆斯・密區那的描述中，阿維拉城堡是「一個美麗的景象」，擁有「巨大蜂蜜色城垛、紅瓦屋頂，以及看似騎兵即將從鐵閘門哈嘩啦啦衝出的城門」。

最接近天堂的地方

聖者與石造之城

中世紀的卡斯提爾王國，即現在的馬德里西北方的八萬平方公里之區域，這一帶古時候有近千座城堡，「卡斯提爾」（Castile）西班牙文原意即「城堡」。人們並稱此城為「聖者與石造之城」。

阿維拉堡位於卡斯提爾境內，太達加河的岬岸上，爲格雷多斯山所環繞，是目前伊比利半島中唯一具有完整城牆的城市。由於海拔將近一千二百公尺，阿維拉也是西班牙「離天堂最近」的地方。

　　阿維拉堡的誕生可回溯到史前時代，那時塞爾特的部落在此定居。之後，羅馬人與西哥德人曾經相繼入侵這羅馬人稱爲「阿布拉」的偏遠居住地區。西元一世紀的時候，基督徒所指派去感化異教世界的七位代表之一——聖塞岡多把基督教帶進了阿維拉，他因此成爲阿維拉城的第一位主教。據說，即使在今天，任何人只要將一條新的手帕放在他的墳墓上就可以實現一個願望。

　　1090年，阿拉伯人入侵，當地人傾全力將回教軍隊驅逐出去以後，隨即在圍繞古城的2.4公里長，十二公尺高的城牆上進行建設工程。到了1099年，共興建了九十座堡壘，二千五百個城垛，還有九個城門，稱得上是一座固若金湯的城堡，十二世紀末葉，摩爾人曾發動猛攻，被一位女英雄希梅拉英勇率軍抵抗，而捍衛了阿維拉，成爲該城一段西班牙人津津樂道的故事。

德瑞莎修女的誕生地

　　阿維拉名氣之大，除了古城牆之外，也是偉大的聖女德瑞莎修女（1910–1997）誕生的家鄉。

　　德瑞莎修女出身小康之家，年輕時就進入修道院。為了幫助更多不幸的貧民，於1946年離開修道院到印度，創辦了天主教仁愛傳教會，在世界各地建立了一個龐大的慈善機構網，贏得國際社會的廣泛尊敬。1979年被授予諾貝爾和平獎。

在她的家鄉，她也創設修道院、興建教堂，寫下很多傑出感人的詩篇，因此被羅馬教廷尊奉為聖徒，當地人都因她而感到無比榮耀。

阿維拉城裡有許多紀念聖德瑞莎的地方，包括她的出生地、學校、教堂，以及她的遺骨和一枚她最喜愛戴的戒指。直到今天，聖德瑞莎的事蹟依然活在人們的心中，例如她曾經奇蹟般地救活被倒塌圍牆所壓埋的兒童。

其他還有不少故事也在這個地方流傳，包括一代美女聖芭芭拉的傳奇故事。據說她曾經登上阿維拉古堡，祈求上帝使她變醜，因為她深深以此名聲為憂。上帝聽見了她的禱告，於是她的下巴冒出了濃密的鬍鬚。

古堡整體近四角形，城牆周長2550公尺，寬3公尺，高度平均12公尺，是歐洲現存的中紀城牆中塔稱著歷史最悠久的，整體城牆圍繞著阿維拉舊城，一共有9個城門和99個圓塔，其中以城牆門和聖維德門最為宏偉。
謝幸蓉／攝影

德古拉城堡位於外西凡尼亞（Transylvania），即現在的羅馬尼亞的西北部及中部地方，在中世紀以後爲匈牙利所占領，到了第一次世界大戰之後才由羅馬尼亞所統治。

德古拉城堡的外型並不特別，只是羅馬尼亞最典型的哥德式城堡建築之一。使它遠近馳名的是吸血鬼的傳說。從十五世紀以來，吸血鬼邪靈的傳說流傳至今，五百年來仍無絲毫衰退的跡象，由於其惡行昭彰，死後於夜間出沒謀殺吸血的謠言甚囂塵上，今日談到德古拉堡仍令人毛骨悚然！

吸血鬼傳說

《吸血鬼》德古拉

英國維多利亞女王時代殘存至今最有影響力的歌德式小說，就是史托克（Bram Stoker）集大成的吸血鬼之作《德古拉》。故事概述一名英國年輕律師在他的公司承辦一起委託置產案，委託者是住於偏遠的外西凡尼亞的德古拉伯爵。他受託代替伯爵在英國購屋，並奉公司之命遠赴川索凡尼亞洽商。他發現這個伯爵竟然是個長有獠牙、手掌有毛、並有駕馭野狼的能力、行動如蝙蝠的吸血鬼。

德古拉伯爵以委託律師在英國購得一座荒廢的舊古堡爲開始，正式入侵倫敦。他先蠱惑美女露西，接著又魅惑美女米娜，在許多人遭受到他的毒手後，終於被一位荷蘭教授兼醫師領導的

一群青年律師和醫師消滅，被吸了血即將變成女吸血鬼的米娜也因此而倖免於難。

「龍之子」德古拉

德古拉，在歷史上是真有其人！他的全名（依羅馬尼亞語發音）是弗拉德・則別斯・塔古拉（Vlad Tepes Dracula）。1431年生於今羅馬尼亞的西基刷剌（Sighisoara）城。其父當時被納為「龍騎士」組織的成員，受羅馬尼亞地區國王任命為外西凡尼亞的總督軍。據羅馬尼亞語來分析，「塔古勒」來自「龍」的意思，表示被納入龍騎士的尊榮，「德古拉」則是「龍之子」。

後來羅馬尼亞人將此字與「惡魔」做連結，是受當時在羅馬尼亞境內的德國南部薩克森人用語影響。這些薩克森人到羅馬尼亞境內躲避饑荒，行為不檢，被德古拉施以極嚴厲的刑罰，故私下都如此稱呼。當時龍騎士組織具有神聖的地位，由今德國境內神聖羅馬帝國皇帝所創，目的在效忠教廷，使天主教徒免於土耳其的迫害。德古拉因其父的驍勇善戰而獲此名號，亦因此成為多瑙河畔瓦拉其亞（Walachia）公國的公爵『弗拉德四世』（Vlad IV）。

據史書記載，1442年間弗拉德與其年幼的弟弟因政治因素被送往鄂圖曼土耳其的首都君士坦丁堡作為人質，足足待了六年。這段期間內，不僅是周遭充滿敵意的環境，還相繼傳來其父與兄長被叛變貴族暗殺的消息。十七歲時他在土耳其蘇丹的支持下，率軍打回瓦拉其亞並奪回政權，上台之後第一件事便是整肅異己，手段苛酷，又用各種嚴刑峻法對待罪犯整飭國家，最有名的就是穿刺刑。因此他常被冠上「帖普」（施以木樁之刑之人）這個綽號。

弗拉德曾在多瑙河畔打敗數倍於羅馬尼亞軍團的土耳其大軍，解救自己的國家，成為羅馬尼亞的民族英雄，在與人交戰時，善用「奇

襲戰法」、「徹底的殺戮和掠奪」。真正令土耳其人感到恐懼的是1462年的戰役，此戰中弗拉德被盟友匈牙利背叛，監禁在外凡尼西亞的城堡裡，後來他逃至首府，當土耳其大軍追抵城下時，赫然見到開戰時被俘虜的兩萬多名士兵，都被剝光了衣服示眾，並被活活的穿插於長達一公里的木樁上環繞著城池。從嘴部或臀部刺進的棒子四處林立，烏鴉和禿鷹不斷的啄食這些死屍，使周圍瀰漫著濃烈的腐臭味，仍然向前直進的土耳其軍隊，目睹這令人毛骨悚然的情景，莫不為之心膽俱裂，了無戰鬥意志只得撤離。

對於在弗拉德公爵面前不願脫帽的土耳其使者，他命令道：「既然不願脫帽，那就讓他永遠脫不下來。」於是這名使者自頭上帽頂處被打入鐵釘。諸如此類的故事，阻退了強大的土耳其軍隊，使得諸基督教國家免於回教國家的侵略。同時，德古拉伯爵見血發狂之名不脛而走，因此「吸血鬼」的稱號傳遍歐洲。

他最後死於布加勒斯特近郊戰場，1476年冬以己身微小軍力在無外援的情形下與鄂圖曼土耳其帝國大軍戰至最後一兵一卒。土耳其軍隊後來將德古拉的形體四分五裂，首級被遠送至君士坦丁堡。

目前在羅馬尼亞境內的斯那可夫修道院中所供奉的只是德古拉的靈魂。它守護著羅馬尼亞。至於他的遺體，傳說被葬在修道院的墓園，但1930年史學家們去挖墳時，卻發現墳是空的。

現在的外西凡尼亞地方大概只有四分之一的匈牙利人居住，而羅馬尼亞人及匈牙利人的對立還是一直持續著。當時曾經用來監禁弗拉德的城堡，為兩民族的對立，埋下了根深柢固的歷史，至今這座城堡尚以「德古拉城堡」之名而屹立不搖。

一個吸血伯爵夫人的真實故事

在羅馬尼亞人眼裡，德古拉並非十惡不赦之人。在共黨政權崩潰後，一群要看吸血鬼的觀光客蜂擁而至，羅馬尼亞人這時才知道，他們歷史上的民族英雄居然成了吸血鬼，更絕的是把他變成吸血鬼的是一個愛爾人史托克，而他一生從未到過羅馬尼亞！

事實上，史托克書裡的城堡範本是在匈牙利的賽依特城堡。這座城堡曾經發生過1611年伊莉莎白·伯特里（Elizabeth Bathory）伯爵夫人的訴訟案，是歷史上真實且真正的「吸血」凶案。

伊莉莎白在1560年生於一個富裕而有點瘋狂的貴族家庭。這一家和「正牌」的德古拉有親戚關係，兩家的紋章都用自食其尾的龍作為圖騰。她十五歲時嫁給了納達司第伯爵後，就居住在喀爾巴阡山區的捷克卡特提斯城堡中。由於丈夫長年在外征戰，因而時常獨守空閨。

伊莉莎白在家閒得發慌，就以虐待女侍取樂，她用熨斗燒她們、切斷她們的手指，甚至生氣時咬下她們的肉。1600年伯爵去世後她愈發變本加厲胡作非為，她學習妖術，然後派人捕捉附近村莊裡的少女到城堡供她施以酷刑，這些女孩被當成屠宰場裡的動物般放血致死，她飲用她們的鮮血，並用鮮血來沐浴，認為如此能夠保持她驚人的美麗和青春。

1610年，匈牙利國王馬提亞斯聽聞伊莉莎白的惡行，率兵攻破城堡，將她拘禁起來。審訊時才知道死於她手中的少女竟有650人之多。之後她被鎖在自己的房間內，食物由一個小洞送進去，一直到1614年她死亡為止。其他共犯則一律處以極刑。她死後原來所居住的古堡也荒蕪了，沒有人敢再搬進去，後來便成為史托克寫吸血鬼德古拉伯爵時的範本。

想要了解德古拉就來這網站瞧瞧吧！
好站・好讀～～http://www.draculascastle.com/index3.html

chapter 4

文明的
沈寂與炫麗

在過去，年輕風光
在未來，衰頹沒落
歲月的年輪，一層層
加疊成歷史文明的光環

愛丁古堡是愛丁堡的誕生地，愛丁堡的歷史就是從這裡開始。在流金歲月的光華中，它曾經扮演過軍事要塞、防衛堡壘、皇宮、國家監獄等角色。

蘇格蘭的民族象徵

蘇格蘭人的精神象徵

愛丁堡是蘇格蘭地方的首府，同時也是最能代表蘇格蘭的城市。在個性執拗，屢次爭取獨立的蘇格蘭人心中，愛丁堡的地位超越於首都倫敦之上，而為蘇格蘭人的精神支柱。

愛丁堡位於蘇格蘭東南部，濱臨福斯灣（Firth of Forth），城市名稱的由來則起於市區內的愛丁古堡。這座城於西元前一千年，建於卡斯洛山上，到了七世紀，撒克遜國王愛丁溫（Ediwin）加以重建，此後這座城堡就以他的名字，定名為愛丁堡。今天的愛丁堡市，便是以愛丁堡為起點，逐漸向外延伸而成。

愛丁堡城堡與國家藝術館：紅頂白色建築物（*Ramsay Garden*）為私人別墅。左上和中間一大片都是城堡，矗立於火山岩（於 *340 million* 年前形成的岩石）上。每天（除了周日、聖誕節之外）下午一點會鳴響砲，已持續一百五十年之久。城堡出入口往下行就是著名的皇家里路（*Royal Mile*）。相片右下是國家藝術館，可免費參觀。蔡惠名／攝影

　　愛丁堡早在西元九世紀，便是蘇格蘭王國的首都，因此它承襲了濃厚的蘇格蘭傳統。每逢重要節慶時，遊行的隊伍裡總少不了身著格紋式蘇格蘭短裙的男子，吹著音色悠揚的風笛，風光地接受大眾的歡呼。因為格紋短裙與風笛正是蘇格蘭的象徵，也深為愛丁堡人喜愛。那高亢清揚的風笛聲，也就時刻飄揚於愛丁堡市內。

堡內的名勝古蹟

　　愛丁古堡傲立在三面均為峭壁的火山岩丘上，從市內各處都能看到它龐大英武的雄姿，且因為地形異常險要，它曾經是軍事堡壘、帝王王宮，也曾經是囚禁犯人的監獄，目前，除了開放觀光外，也是皇家蘇格蘭軍團總部。

　　現在城堡裡的建築是逐漸加建而成的，其中以瑪格麗特皇后在1080年所建的瑪格麗特小教堂年代最為古老，十六世紀宗教革命時，有許多清教徒在這裡遭受酷刑燒殺而殉教。這座小小的建築至今仍是民眾舉辦婚禮或其他儀式的場所。

愛丁堡城堡（號稱是『蘇格蘭的象徵』）建築物之一內部：詹姆士六世所居豪宅（主要有兩個房間）內的*The Laich Hall* （1998年整修過）。蔡惠名／攝影

　　古堡內其他重要的建築還有王宮、舊議會大廳、國家戰爭紀念館等。其中皇家珠寶珍藏室陳列有象徵蘇格蘭王權的三件寶物：皇冠、權杖、御劍，據說，十七世紀克倫威爾將攻進愛丁堡時，兩位老婦人冒險把三寶帶出城外埋藏，才未受劫掠而得以保存。

第一個世界文學之都

　　自古以來，愛丁堡就是一個人文薈萃之地，人才輩出，如著有《劫後英雄傳》的歷史小說家史考特（Walter Scott）、《金銀島》作者史蒂文森（Robert Louis Stevenson）、《福爾摩斯》偵探小說大師柯南道爾（Conan Doyle），都由此出身。每年八月，愛丁堡主辦全球規模數一數二的國際文學節。

　　2004年10月，一個包括《哈利波特》作者羅琳等二十位文學

愛丁堡城堡——軍隊遊行，每年八月（為時約20天）來自各國軍隊在愛丁堡城堡前演出軍隊分裂式（tattoo），為城堡帶來前所未有的生氣。節目相當精采，門票往往在前一年即開始訂購。相片為城堡的正面（入口處），是藝術節時的軍隊遊行宣傳活動。蔡惠名／攝影。

名流所組成的蘇格蘭代表團，向聯合國文化官員提出說帖，詳述愛丁堡是一個「用書打造的城市」，最具資格成為「世界文學之都」，說帖厚厚兩冊，由羅琳領銜撰寫前言。羅琳在英格蘭出生，目前定居蘇格蘭，她在前言裡強調，《哈利波特》已出版的五集大體都在愛丁堡落筆。

聯合國教科文組織（UN ESCO）在聽完報告後，立刻宣布愛丁堡為第一個「世界文學之都」（City of Literature），命名儀式定明年4月舉行。

從亞瑟王的寶座（*Arthur's Seat*）鳥瞰靠海的愛丁堡城市：相片下方偏右處即哈利路皇宮（*Holyrood Palace*），皇家里路的盡頭兩端一個是城堡，另一就是哈利路皇宮。皇宮附近有一哈利路公園（*Holyrood Park*），公園內有一小山丘，山丘頂端即為亞瑟王的寶座，為一死火山口，由此鳥瞰市區，景觀相當美。蔡惠名／攝影

2004年8月某日，義大利前色情女星小白菜宣佈參選米蘭市長，她宣稱一旦當選，將把該市最有名的古堡改建為賭場，而斯福爾扎城堡將會給地方財政帶來巨大的生財機會。到底斯福爾扎堡的魅力何在？

米蘭的歷史軌跡

米蘭城堡

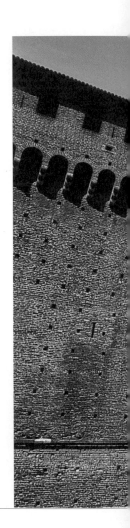

米蘭是一座歷史久遠的古城，因西元六世紀入侵義大利的蠻族倫巴底人而得名，他們具有銀行業及商業的才華，造就此區的富裕生活。中世紀時歸屬於神聖羅馬帝國，十二世紀時堅決的分離主義者成立倫巴底聯盟，政權隨即被本區的大家族取得。維斯康提家族（Visconti）與斯福爾扎（Sforza）為其中最著稱者，這些王朝是藝術的贊助者，使得此處充滿文藝氣息。因此哥德人稱此處為Mailand（意指五月之地），是個充滿溫暖及靈感的城市。

斯福爾扎堡，又名米蘭城堡，是一座文藝復興式的城堡，也是米蘭佔地最廣的建築物，首座城堡是由米蘭的維斯康提家族興建。十五世紀時，新的城主斯福爾扎將其拆毀後，在原址建立一座巨大的方形磚造城堡。外觀樸質無華，四周一道城牆，到處都設有槍眼，牆外一道護城河，以可以升降的吊橋與外間往來。內部建築是三層樓，分為

斯福爾扎古堡是米蘭佔地最廣的建築物，也是米蘭原領主斯福爾扎家族的
大本營。它的城牆比一般的為高，外觀雄偉森嚴，內部裝潢卻美輪美奐，
華麗之極。葉書銘／攝影

數進，每一進間都有廣大的庭園。

　　這座城堡原來建造爲斯福爾扎家族的住宅，雖然外觀雄偉森嚴，內部裝潢卻美輪美奐，奢華之極。最值得欣賞的是由達文西雕刻的繩索花紋天花板，眞是巧奪天工！

　　其後斯福爾扎家族衰敗，這裡便用作屯兵的軍營和監禁囚犯之所。到了第二次世界大戰時，其中也駐了二萬名軍隊，城牆四周有許多起伏的丘陵，下面全是龐大而堅實的防空設施。如今此處已爲年輕男女約會談情之所了。

斯福爾扎古堡城門，及堡內一景。葉書銘／攝影

城堡門口還有標示敘述米蘭的過去，如之前曾被西班牙人及奧地利人殖民的故事。城堡內部，現在除了一部份作市政機關的辦公處外，其餘做為市立古美術館，陳列著許多西元前起至文藝復興時期的藝術品，免費開放遊客參觀，其中以米開朗基羅名作《聖母殤子像》，最引人注目。

城堡前的噴泉。葉書銘／攝影

如同尼羅河之於埃及，塞納河之於法國，每個泱泱大國的文化重鎮，都有一條牽繫千年文明的悠悠長河。對德國來說，扮演推動德國文明最重要角色的生命之河，便是萊茵河。萊茵河全長1320公里，是歐洲第三大河。它的美混雜厚重與輕靈，歷史與童話，人文與自然，很難三言兩語就表述得清。

聽女妖輕歌

介於黑森林（Black Forest）與佛日（Vosges）山脈間的萊茵河，就像一顆寶石，堂而皇之的緩緩流經城堡與大教堂、城鎮與梯形葡萄園。在清晨與黃昏時分，鐘樓和城堡的廢墟籠罩在神秘的光線下，好像童話中的仙境。

萊茵河谷除了被視為「大自然的花園」之外，還具有國家紀念碑的意義，是德國歷史象徵的根據地。事實上，這條河谷過去

曾經是國界、戰場和旅遊區。羅馬人、日耳曼人、匈奴人、哥薩克人和美國人的士兵都曾經在此留下駐紮的痕跡。從麥因茲市到科隆市只有200

阿斯曼斯森是萊茵河邊一個可愛的小村莊，歷史久遠。萊茵石城堡就雄踞在山坡上。10世紀初期，萊茵石城堡原本作為神聖羅馬帝國皇帝的_宮，後來的奧托二世同樣把此地送給了麥茲的大主教，而變成麥茲大主教屯兵的碉堡。17世紀時，萊茵石城堡被重新整建，1825年由普魯士的威廉斐德列王子攻下，整建改為新哥德樣式，而成為萊茵沿岸最早被重建的城堡之一。王瑤琴／攝影

公里的距離，可是這段萊茵河谷卻有六百座古堡，和無可計數的哥德式塔樓和大教堂。萊茵河畔的羅馬遺跡和中世紀要塞、華麗的巴洛克外觀和浪漫的古堡，在歐洲歷史上扮演著舉足輕重的角色。它們靜靜地陳述著古老的故事，以致常常有一股哀愁的美麗。據說作曲家舒曼，便曾在這種哀傷的美景中迷失了心智而投身於河水之中。

全萊茵河以由麥因茲（Mainz）到科不林斯間，全程93公里的一段最為著名，並且享有「浪漫萊茵」的美譽，進而被聯合國教科文組織列入世界文化遺產的名錄。

德意志之角（Deutsches Eck）

德意志之角位於摩澤爾河和萊茵河的交會河口。岬角上的公園有德國皇帝威廉一世的巨大騎馬雕像，以及著名的羅馬式聖卡斯特教堂和條頓騎士團之家，岬角前端可以眺望萊茵河岸以及對岸山丘上的10世紀要塞Festung Ehrenbreitstein，此要塞始建於10世紀，1799年遭法國軍隊摧毀，之後在1816年成為普魯士的領土，1815年維也納會議時，為了加強控制萊茵河流域以及摩澤爾河河口，重新在此構築堅固的要塞。

德意志之角往西則有橫跨摩潭爾河的三座大橋，市區內還有建於13世紀的羅馬式聖母教堂、建於15世紀的後期哥德式禮拜堂，以及17世紀後期的時巴洛克式鐘樓，至於禮拜堂內精美的玫瑰窗則是1992年由名設計師HG.Stockhausen所建。

約翰尼斯堡城堡（Johannisberg）

　　萊茵河沿岸雖有眾多釀產葡萄酒的莊園，但其中最著名的是產於約翰尼斯堡的葡萄酒。

　　約翰尼斯堡與卡爾大帝（查理曼大帝）的傳說有極深的淵緣。萊茵河對岸離入山處不遠的因格爾海姆自法蘭克王國即有城堡，卡爾大帝就是在此出生的。因為喜愛萊茵河谷的風光，所以他常停留在因格爾海姆，召集貴族們到這兒來進行會議。

　　傳說初春某日，他忽然發現只有萊茵河對岸那塊小山丘上的斜坡和周遭不同，雪早已融盡。腦海閃過一個靈感：那兒不正是栽培葡萄的最佳地點嗎？於是他差遣家臣盡速前往奧爾良，求取葡萄幼苗。卡爾大帝非常喜歡葡萄酒，他始終不能忘懷曾在奧爾良品嘗過的葡萄酒美味。當幼苗運達時，他便帶著家臣前往山丘，也就是之後被稱為約翰尼斯堡的山丘，召喚附近農民，甚至親自動手掘土，栽培葡萄幼苗。三年後，第一批葡萄酒釀成，果然口味極佳。

*Stolzenfels*古堡，由威廉四世於1842年下令興建。這座巨大的古堡是得自於正統英格蘭莊園的靈感，這座有豪華內裝的古堡呈現新哥德式的構築，如今已改為博物館。王瑤琴／攝影

除了約翰尼斯堡以外，萊茵河谷中有關葡萄酒釀製及卡爾大帝傳說到處都有。人們相信，每年葡萄花開、香味傳遍萊茵河谷時，卡爾大帝的靈魂便會循味自陵寢走出，夜夜巡視萊茵河谷的葡萄園，並賜

予祝福。卡爾大帝因而被奉為葡萄酒釀製的守護聖人。

鼠堡（Burg Maus）

　　船行過以「酒祭」而著名的小鎮「賓肯」之後，遠遠地就望見鼠堡。鼠堡原來叫做「圖恩山城堡」，這一個古堡，傳說在久遠以前有一個名叫哈特的城主，他十分冷酷，而且權力慾望極重，為了實現自己的野心便向領地內的住民課收重稅以蓄積財力，並在河中島上築塔，向萊茵河上的船隻強徵關稅。

　　當地的農民百姓在不堪生活困苦的情況下，集體向他請願。沒想到他竟然下令軍隊逮捕農民，將他們全鎖在倉庫裡，並放火燃燒倉庫。當農民在火燄中哀號時，哈特不屑地對隨從說：「哈，你們聽聽那些老鼠的亂叫聲。」

　　就在這個時候，燃燒的倉庫中果真跑出一大群的老鼠，襲向哈特。老鼠們咬死了家臣，越咬數量越多，哈特在極度驚恐之下逃進城堡躲藏，老鼠們也追殺過去，活生生地將哈特的肉撕碎，最後只剩下一堆白骨。

*Burg Rheinfels*古堡是萊茵河畔最堅強的堡壘，原本屬於法國，在1797年路易十六垮台後還歸給德國的。爬上古堡的鐘塔可以俯瞰萊茵河洶湧的波濤，以及對岸的貓堡（*Burg Kats*）及鼠堡，此外整座古堡的構建包括城塔、城門、王宮、砲台等可以想見古堡的規模。鍾宛廷／攝影

達姆史塔特城堡（Darmstadt）

萊茵河流域的藝術小鎮位於法蘭克福南方34公里，從前是黑森・達姆史塔特大公爵的領地。今日雖然是一座工業城鎮，但是1899年世紀末最後一任大公爵Ernst Ludwig網羅了德國各地的藝術家，包括畫家、雕刻家、建築家等在此興建了一座Mathildenhohe藝術村，希望彼此能創造整體的藝術。這中間有著名的建築家Joseph Olbrich和Peter Behrens以及名雕刻家Bernhard Hoetger等共同設計建造，如今藝術村中心最醒目的是1908年興建的婚禮紀念塔，這是為紀念Ernst Ludwig大公的婚禮所興建的高塔，五個皺摺狀的塔頂構築代表了Ernst Ludwig大公在婚禮上宣誓的手示。

此外鎮上還有從前大公爵居住的史克羅城堡（Schlob），由兩棟建築物構成，其中新堡（Neuschlob）是18世紀大師Remy Delafosse設計的對稱式巨大建築，另一棟為舊堡（Altschlob）有螺旋狀山牆的宏偉建築以及後花園。城堡內的博物館展示大公爵家族的私人收藏包括馬車、傢俱、銀器等，此外在繪畫館更展出德國繪畫大師霍爾班的祭壇畫。

布法爾茲城堡（Pfalz）

位於河中島上的布法爾茲城堡因由布法爾茲伯爵所建而得名。傳說，伯爵是一個善嫉的丈夫，因懷疑妻子不貞，因此在河心建了這樣一座美麗的監獄，囚禁了那可憐的妻子。人們每每船行過此，彷彿依稀看見城堡上的小窗後，美麗而憂鬱的少婦，正無奈地望著萊茵河緩緩流逝。

布法爾茲城正確的名稱應該是「布法爾格拉菲斯坦」（Pfalzgrafenstein），意指「宮廷伯爵之石」。在德國，一般城名經

常會冠上石頭或岩石的名稱。為了向過往的萊茵河的船隻徵收關稅，布法蘭茲伯爵於1325年開始築城，剛開始時只有正中央五角形的高塔，後來再加蓋類似船形的堅固外廓，因而又被稱為「石船」。

這座城堡奇特的造型是極佳的攝影題材，因此名稱極為響亮。法國大文豪雨果到此一遊時，曾寫下：「一艘石造的船，永遠漂流在萊茵河上……」，此後石船就常被視為浪漫萊茵河的象徵。

羅蕾萊女妖石Loreley

著名的羅蕾萊女妖石，位在奧巴貝瑟爾小鎮的下游。此處因懸崖夾峙，會引起很大的回聲，而河底又暗礁密佈，船隻很容易遭難，因此傳說有個絕色的女妖就坐在萊茵河的懸崖邊上，日夜不停地用她美麗的嗓音歌唱，過往的船隻一到這兒全部停了下來，水手們都沉醉於她的迷人歌聲不能自拔，結果往往船撞上礁石，葬身波濤之中。

羅蕾萊女妖石聳立在河中，雖只是崎嶇的怪岩，卻因為淒豔傳說而名揚世界。曾出現在德國著名的小說家、劇作家布倫坦諾（Brentano Clemens）的小說《哥德維》中；歐洲文學中最著名的愛情詩人海涅（Heine Heinrich）更為羅蕾萊的傳說譜上詩作《羅蕾萊之歌》：

「不知道為了什麼，我的心如此憂傷，有一段古老的傳說，不知不覺地在心頭溢漾……」更讓女妖傳說永垂不朽。

羅蕾萊女妖石。鍾宛廷／攝影

西元七百年左右，來自北非、信奉回教的摩爾人，征服了信奉基督教的西班牙人。他們將學術、藝術的新形式與富戲劇性的新式城堡，引進西班牙。

而阿爾罕布拉宮是摩爾人所建立的格拉那達王國的一座宮殿，也是回教的最後城堡——傳說中，由於摩爾人竟然膽敢建造酷似天堂的阿爾罕布拉宮，因而被天神趕了出去。

摩爾人的夢幻之宮

在西班牙的摩爾人城堡

摩爾人在征服西班牙之後，基督教徒統治的地區就只剩下西班牙的東北方。但在摩爾人的王國中，大部份時間基督教徒和回教徒都相安無事地一同生活。西班牙被征服的影響，便是回教藝術和建築逐漸成為當地人民生活的一部份。

儘管如此，摩爾人還是得防範敵軍，所以他們也建造了具有防禦力的宮殿城堡。阿拉伯文中的城堡（alcazars），即為「要塞」或「有防禦力的宮殿」之義。在西班牙到處可見這類城堡。這些要塞大多建築在山坡上，而陡峭的斜坡就是使敵人卻步的第一道防線。

摩爾人建造的城堡不以氣勢磅礴取勝，而純粹表現於內部雕刻裝飾，一個迴廊、一片屋簷，都極力表現出伊斯蘭式的花紋與

圖案，遠看圓頂拱柱之下，恍若天方夜譚的神話所在，入內觀賞後，巧奪天工，正好是最好的形容詞。

摩爾人的眼淚

　　十一世紀之前，摩爾人在治理西班牙時，都沒有引起抗爭。直到他們的國王與境內諸侯間發生爭執時，回教徒的支配力才減弱下來，而西班牙也因此分裂成許多小王國與城邦。十二世紀末，北方的基督教王國勢力增強，進而攻打摩爾人，逐漸收復失土。摩爾王朝首都哥多華失守，只好退守南部地勢險要的格拉那達。此時，西班牙就只剩

阿爾罕布拉宮「Alhambra」——是阿拉伯文「紅色的宮殿」或「紅色的城堡」之意，早在西元前的伊比利人、羅馬人，即曾在這居高臨下地勢險要的山丘上建造要塞，9世紀時的摩爾人更在外圍用紅磚圍成城牆，以防禦農民叛亂攻擊，「Alhambra」之名稱即由此而來。

下南部的格拉那達仍由摩爾人統治。

　　隨後這批還留在半島上的回教徒，發揮英勇善戰的古風，訓練精銳的輕騎兵和弓箭手，在格拉那達新王和「勇者」魯伊狄士的領導下展開反擊，再次征服西班牙。

　　十三世紀末，摩爾老王病故，再次引發新的內亂，王子穆罕默德與王叔艾爾札爾爭奪王位，自相殘殺致軍力分散。此時，伊

相對於同時期的歐洲城堡，不論是內部或外觀都少有裝飾，而阿拉伯人的城堡，則精巧細緻得筆墨難以形容。

莎貝拉女王和夫王斐迪南親率十萬大軍南下，圍攻格拉那達城。

伊莎貝拉女王在這次收復失土的聖戰中，有兩件重大的貢獻：一是向法、德、義等歐洲國家，爭取軍事援助，獲得一種大砲，可發射165磅重的鐵球和石塊，能炸穿要塞堅厚的石築城牆；二是設置「女王醫院」，在戰區裡設置六個巨型帳篷，親自照料傷兵，展現出君王愛民的人道精神，因此士氣大振。

同時，斐迪南國王採「焦土政策」，凡是所經過的格拉那達屬地，均予毀壞片甲不留，斷絕摩爾人的一切補給。

西班牙聖戰大軍集中軍力，節節逼進猛攻格拉那達，當時城內摩爾人尚有十五萬兵力，雙方鏖戰達半年之久。最後，城內嚴重糧荒，末代國王巴布迪爾見大勢已去，遂於1492年1月2日開城門投降。

寬宏大量的伊莎貝拉女王允諾願居留在城內的摩爾軍民，必獲生存、財產的保護，另外部份摩爾人及國王一家人，則黯然淒涼的淚別西班牙，也結束了回教徒長達781年的統治西班牙的光輝歲月。傳說

格拉那達「Granada」在阿拉伯語是指「陌生人的丘陵」。對曾經攻佔此地的摩爾人而言，這兒的確是一塊陌生的土地；而對西班牙人來說，經過七百年的異族統治，又何嘗不對此地感到陌生？

當摩爾王從現在仍被稱爲「摩爾人的嘆息」的山間狹路回頭看阿爾罕布拉宮最後一眼時，忍不住掉下了眼淚。

一顆用石頭雕砌的珠寶──格拉那達

現在的格拉那達是一個省名，也是一個市名，但是如果把它當作是一個王國的名稱，一個湮滅的回教王國，也許可以發掘出更多的浪漫與傳奇。

這座城市位於以阿爾罕布拉宮爲首的群山擁抱之中，被視爲安達魯西亞詩篇的精髓，是藝術與色彩的傑作。阿拉伯詩人薩姆瑞克將它比喻爲一位被河流緊緊擁抱的淑女，而格拉那達最著名的詩人洛卡，則用詩句使這座城市永垂不朽：「天地是一片銀白和墨綠，群山在月光的親吻下暈染出一道漫無邊際的土耳其藍。絲柏從睡夢中甦醒，慵懶的款款擺動，空氣中充滿了芳香的氣味，風將格拉那達變成了一部管風琴，街道就是它的風笛。格拉

那達是一場聲色洋溢的夢境！」

摩爾人在此地經營數百年，使得格拉那達成為回教藝術的精華所在。但格拉那達市內，並非全為回教建築。1492年斐迪南和伊莎貝拉兩位國王的大軍，趕走回教徒之後，也在格拉那達留下許多文藝復興式的房舍。

如今，纖細柔美的回教圓頂，反射出歐洲尖塔鐘樓的光芒，堅強與脆弱，嚴峻與優雅，基督教的十字架與伊斯蘭的新月，在這美麗的城市裡攜手對成千上萬的觀光客訴說著世事變遷。

紅色的城堡

西元255年期間，退守格拉那達的回教徒，為了維護摩爾人在西班牙所締造璀璨耀眼的阿拉伯文化，及試圖拖延其最後的掙扎，在這種憂患意識之中奮發振作，所展現出最後殘存淒美的生命，即為阿爾罕布拉宮的建築，她是西班牙保存最完整的回教建築藝術的經典代表，也是世界上保留迄今最古老的摩爾式宮殿。

最初，國王穆罕默德一世父子，先引導達洛河上游的河水建築水道工程，並重修以前的要塞，加築外圍的城牆，設置24座守望塔，也勾劃出興建宮殿的規模。至於阿爾罕布拉宮主體的建設，則在1338年至1390年間完成，計佔地35英畝，以紅石磚裝飾宮殿外牆，每當夕陽餘暉映照，滿天紅霞中的整座宮殿，便呈現火紅的瑰麗，所以又被稱為「紅宮」。

這座宮殿是由王宮、卡爾洛斯五世宮殿、要塞以及赫內拉斯斐夏宮四個部份所組成。最主要的是王宮的主體，它細緻瑰麗的牆飾、雄偉的石灰岩屋頂、美麗的宮廷花園，都達到回教藝術的極致，因此被稱為世界奇跡之一，1986年更被列入世界遺產。

阿爾罕布拉宮 Alhambra

富麗堂皇的阿拉伯宮殿

阿爾罕布拉宮以刻有三個石榴花（Granada在西班牙文指「石榴」之意）的「石榴門」為入口，穿過這道門便是一片青蔥的樹林；林深處，有一道「正義門」，上面雕刻著一隻向外伸出的大手，象徵回教的五個教規：祈禱、齋戒、朝聖、施捨，以及信奉真神阿拉。

宮殿裡的裝飾則大體守著回教的禁忌，沒有描繪動物或人像，不過卻到處充滿圖案——用灰泥塑成鐘乳石狀天花板，極像萬花筒中無數向外伸展的圖案。眩目而錯綜複雜的幾何與花草圖案由灰泥塑成，在拱門及牆上迂迴纏繞。牆與門框則以花巧的阿拉伯字體刻著幾句話，話裡讚美著阿拉、摩爾人統治者，以及阿爾罕布拉宮。另一方面，光線透過鑲有細絲圖案的窗子，在地板上投影成各種精緻的圖形。

西班牙收復格拉那達城後，對卡爾洛斯五世宮並沒有加以摧毀，反而在原宮殿之前再加建一座宮殿，這座宮殿是西班牙十六世紀文藝復興最著名的建築之一，設計者是米開朗基羅的學生

Pedro Machuca，宮殿呈四方形，但卻有一座六十三公尺見方的圓形大內庭，由兩層的迴廊環繞，每一層各有卅二根大理石柱。據說音響效果非常好，迄今每逢夏天的夜晚，常有音樂會在此舉辦。

雖然民間傳說有一種神秘力量護佑著這座皇宮，不過真正使王國維持下去的卻是重實效的外交手腕，因此摩爾人將觀見訪客和接待外賓的大使廳裝飾得非常華麗；諷刺的是，1492年末代國王也在此廳簽約投降，而伊莎貝拉女王亦曾在此接見哥倫布垂問探險計劃，揭開了西班牙國勢鼎盛輝煌的序幕。

深宮裡則佈置了一座皇家浴場。有人說摩爾人在皇宮的浴室裡所處理的國家大事比在皇宮大廳裡要來得多。國王與他的賓客先是浸在灑有香水的大理石水池中，然後上蒸氣室，最後是休息室。有的時候，國王與他的妻妾們一起沐浴。之後，據說他會送一只蘋果給其中一人，以表示當晚他想要單獨和她相處。

殿內中央還有一「獅子中庭」，由十二隻石獅背負支撐著水池，分別代表黃道十二宮及不同的月份，池水由獅子口向外流出，供人取用，這兒是過去王室休閒的地方。

至於赫內拉斯斐宮則是歷代國王的避暑夏宮，有長達五十公尺的庭園，中間有小河貫流，河旁兩側種有茂密青綠的杉柏及設置噴泉飛濺，處處花木扶疏。摩爾人相信，此處便是最接近天堂的地方，因為可蘭經所說的「天堂」，就是「水流經過的亭閣」。

宮殿的對面就是摩爾人在889年所建的要塞——阿爾卡薩巴古堡，沿著螺旋狀階梯往上走，可以來到守望台，這兒有一個許願鐘，每逢遇上節慶，少女們總愛敲響鐘聲，期望自己能夠尋得好歸宿。

辛德拉位在里斯本西北方的古老山城，由於森林茂密、景觀優美，自古以來就是著名的渡假勝地，青翠的森林之間錯落著建築造型、顏色形狀各不相同的渡假別墅，就像童話故事中的城堡王國。英國詩人拜倫曾讚譽此地為「地上的伊甸園」。

美麗的伊甸園

歷任國王的夏宮

辛德拉是里斯本近郊的一個衛星城市，這一個小巧的市鎮位在里斯本北方約廿五公里處的山坡上，是里斯本的別墅區。辛德拉的自然美被人形容如「伊甸園」一般。

座落在山頂上的辛德拉堡，是西元十四世紀時由當時的國王約翰一世下令建造，從十四至十八世紀經過多次增建，因此建築式樣融合了哥德式、摩爾式及葡萄牙式等多種風格。在葡國成立共和制前，一直是國王的避暑夏宮。其中最大的「天鵝廳」裝潢極美，天花板上描繪著廿七隻不同姿勢極為生動的天鵝。另有花磚裝飾的「人魚廳」，收藏

辛德拉堡就像童話故事中的城堡王國。英國詩人拜倫曾讚譽此地為「地上的伊甸園」。王瑤琴／攝影

中國象牙塔的「中國廳」，飾有美麗花磚壁畫及貴族徽章的「徽章廳」。由辛德拉堡向四周眺望，視野廣闊，風景優美。

　　在城堡的附近有佩納城，亦是承襲此種多樣建築的特色，在城上可以看到整個辛德拉地形是順著山勢而建的，街道狹窄彎曲，地面坡度很大，而房舍被綠蔭大樹半遮半掩，饒富情趣。

　　在山腳下還有一座宮殿。這座建於1840年的國王離宮，型態仿照十六世紀的修道院，其中有一個中國室，陳列的是慈禧太后贈送給葡萄牙國王的九層寶塔，象牙雕刻，雕工十分精緻；另外還有一對三尺多高的景泰藍花瓶，以及傢俱等，佈置得古色古香，十足的中國傳統色彩。

辛德拉堡位於辛德拉市的山頂上，由此堡眺望四周，視野廣闊，辛德拉市的自然美景一覽無遺！它是16世紀葡萄牙國王的夏宮，薈萃了哥德式、回教色彩及文藝復興時代風格，十分特別。王瑤琴／攝影

　　布拉格城堡是維爾塔瓦河左岸的焦點，歷代皇帝和總統都曾經在此辦公，現任的總統也在此辦公。如果城堡上的旗桿並未掛著國旗，這就表示總統此時此刻並不在辦公室。

愛戀卡夫卡

風華絕代的金色布拉格

　　布拉格，這個有童話之都美名的城市，早在西元六世紀時，便有斯拉夫族在現今布拉格附近的波希米亞定居，870年，培密史利德家族在維爾塔瓦河左岸山丘上，陸續興建了布拉格城堡及卡斯登城堡，以後幾百年，這裡一直是王室的所在地；至十世紀，逐漸發展爲神聖羅馬帝國旗下的一大商城。

　　三十年戰爭後，布拉格淪入奧匈帝國的統治，信奉天主教的哈布斯堡王朝爲了與新教抗衡，遂藉雕繪藝術，把天主教的相關事蹟表現在建築物上，成就了華麗的巴洛克式建築。

　　到了西元十八至十九世紀間，許多統治階層的貴族皆搬至布拉格久居，因此，布拉格的街市成了各式皇宮、教堂、富邸、貴宅爭奇鬥麗的展示場，古典的、哥德式的、巴洛克的、文藝復興的，乃至立體派建築一應俱全，加上布拉格自古便是種族、文化的匯聚點，無數次的衝突、融合，終於孕育成這座「建築博物館」的多重面貌。

布拉格雖然歷經多次戰爭，卻依然美麗，所有的古蹟建築都奇蹟似地保存下來，原因是捷克當局在二次世界大戰面對德國猛烈砲火攻擊時，毅然棄甲投降，此舉儘管受人嘲諷，但是，這項決定卻因此保留了布拉格完整的建築樣貌。藝術的擁護者也才能在她重新開放後，在布拉格街頭尋找十九世紀以前就已經奔放耀眼的建築、雕塑、音樂、戲劇文化。

隨著時代的變遷，布拉格已逐漸趕上巴黎、倫敦與維也納三大歐洲藝術之都，每年的「布拉格之春」國際音樂節更是藝術愛好者的最愛。王汶松／攝影

如今布拉格城內古蹟遍佈，建築之美舉世知名，聯合國遂於1992年將她列入世界遺產，爲捷克帶來無限的旅遊商機。而「布拉格之春」國際音樂節更是名聞遐邇。

悲慘的天文鐘故事

布拉格同時還是著名的「百塔之都」，城內座落有數十個尖塔、數百個鐘樓，其中以舊市政廳大鐘最有名，每天，都有許多來自世界各地的遊客，在同一個時間來到這裡仰望，期待聆聽一輪悠揚的樂音。

這口大鐘就是著名的布拉格天文鐘，建於1410年，每天上午8點至晚上8點整點播出音樂，而它最吸引人的是包括耶穌十二門徒在內的活動木偶。每到整點，天文鐘上方的窗戶會開啓，一旁的死神開始鳴鐘，耶穌的門徒在保羅的帶領下一一移動現身，最後以雞啼和鐘響結束。另外還有分別代表慾望、貪婪和虛榮的象徵木偶。

據說當年天文鐘的設計者漢努斯，在設計完此鐘後，便失去了他的雙眼，因爲議員們怕漢努斯再爲其他人設計類似的作品，就弄瞎了他的眼睛。

就在天文鐘的不遠處，捷克著名的民族英雄、宗教改革家胡斯的雕像佇立著。胡斯是十五世紀宗教改革的領袖人物，原爲查理大學的校長，因爲批評當時教會的世俗化及出售贖罪券等斂財行爲，不見容於羅馬教皇及當時權貴，被捕入獄並遭火刑處死。儘管他犧牲了生命，卻喚醒了更多人起身改革。從反抗舊教的「三十年戰爭」，到一九六八年的「布拉格之春」，乃至於一九八九年推翻共產黨的「絲絨革命」，都一一得到了印證。他對於歐洲宗教的影響極爲深刻，被馬丁路德視爲宗教改革的精神領袖。

五百年後在焚燒胡斯的原址上出現了他的塑像。

古今歷史的榮光──布拉格城堡

　　布拉格整座城市分佈在七座山丘上，身形婉約的維爾塔瓦河如一個問號般貫穿整個城市，河上點綴了17座橋樑。維爾塔瓦河也將布拉格劃分出新舊城區，以查理四世大橋連繫新舊城區。這座大橋是以波西米亞查理四世（1316-1378）之名命名，也是許多來自俄羅斯、及前南斯拉夫地區跑單幫的小販做生意的地方，當然也是布拉格最美的古橋。

　　位在西岸山坡上的是赫拉德恰尼（Hradcany Castle）城堡，是布拉格的衛城，也是政治權力重心。城堡下小城，1541年大火後，整座城以文藝復興風格重建。城堡對岸，即河東岸是為舊城，舊城以南查理四世另闢新城區，新城屬於舊城的延伸，亦是現代布拉格人民生活的縮影，而布拉格城堡則是當地人最驕傲的景點。

　　布拉格城堡始建於西元九世紀，後來經過多次整修和重建，其中有一次整修是在十八世紀。十八世紀對捷克來說是非常

聖維塔大教堂。王汶松／攝影

重要的歷史時期，在當時，她已經是世界十大工業國之一。

布拉格城堡全部以石頭和灰漿作做建築材料，外牆則以著名的灰泥粗刻粉飾，這種裝飾法是在粉牆時，先敷上一層黑泥，再抹上白灰，接著拓上線條，然後刮去部份白灰露出幾何圖形，這是捷克特有的建築裝飾法。

布拉格城堡分為三個區域，其中第三個庭院建有聖維塔大教堂（Sv. Vita Katedrala），是布拉格城堡最重要的地標，也是捷克精神的所在。921年，當時的國王溫薩斯拉斯建造了這座哥德式教堂，但他卻在935年被刺死於前往教堂彌撒途中，因此捷克人將他奉為「捷克守護神」，並將這座教堂作為膜拜他的聖地，至今他的遺體仍安葬在教堂東側的環形殿裡。教堂的鑄鐵大門有溫薩斯拉斯國王被刺殺的雕像，據說摸刺客的頭會帶來好運。

聖維塔大教堂除了有豐富的建築特色外，也是布拉格城堡王室加冕與辭世後長眠之所。它歷經了3次的擴建，自1344年建起到1929年才完成，花了500年時間。這座精雕細鑿的建築，是布拉格最古老的羅馬式教堂之一，也是歐洲第四大教堂。

和教堂垂直的長型建築是舊皇宮的右邊廂房，據說，1618年代表哈布斯王朝和新教徒談判的天主教官員，就是在那兒被扔出窗外。所幸當時窗下有堆馬糞，那倒楣的官員才沒有摔死。不過這次「擲出窗外事件」卻是捷克反對哈布斯堡王朝起義的開始，也是「三十年戰爭」的開端，戰爭初期的「白山之役」還迫使捷克都城一度遷離布拉格。

城堡裡還設有一座畫廊，裡面收藏了4000餘幅古典繪畫。它的原址是城堡馬廄，在改建為城堡畫廊的過程中，曾經發掘出布拉格城堡最早的教堂——聖女教堂，部份遺跡現存放在城堡畫廊中。

黃金巷裡的卡夫卡傳奇

緊鄰城堡的黃金巷，是作家卡夫卡（Franz Kafka）的故居，他曾在此完成以布拉格爲背景文學名著《城堡》。

傳說黃金巷是十八世紀魯道夫二世在位時，命人秘密提煉長生不老藥的一條神秘小巷，在十九世紀的作家筆下，曾經留下許多詭譎和令人遐想的篇章。

實際上，這條寬度不到一公尺的狹隘巷道，是由於在1541年馬拉史塔發生大火後，有不少爲國王煉金的術士在此避難，因而有此名稱。然而，在往後幾個世紀之後，黃金巷逐漸成爲貧民窟。

十八世紀時，瑪利亞‧泰瑞女皇下令將黃金巷陋巷改建成石磚與灰泥層板屋，此後，開始成爲作家和藝術家青睞之地。1917年捷克知名的文學家卡夫卡曾住在黃金巷22號；諾貝爾得主塞弗特也於1929年住過此地。1952至55年間，藝術家札納克爲黃金

布拉格這個美麗的城市在歷經多次戰爭後，卻奇蹟似地保存下來，原因是捷克當局爲了保護史蹟和人民，不惜在二次世界大戰期間，採取不抵抗政策。儘管此舉受盡世人嘲諷，但是如今布拉格一枝獨秀的旅遊業所帶來的無限商機，卻也是歷史最佳的註解。王汶松／攝影

巷做全面的整頓，當時名動畫家特恩卡還為房屋繪上各種色彩，充滿童話般意趣的黃金巷小屋，於是成為布拉格著名的景點。

其實，卡夫卡今日雖已成為榮耀布拉格的最偉大的作家，但當他在世的時候，日子卻過得極為灰暗抑鬱，他的榮譽和作品是在死後才得到肯定，然而，布拉格的聲譽，卻隨著卡夫卡的名氣扶搖直上。

現今，在布拉格隨處可見的紀念品、商店、畫廊等都喜歡以卡夫卡來命名，尤其是黃金巷，因卡夫卡帶來的繁榮，使得窄巷內的27間小屋，都變成販賣紀念品的商店，到了旅遊旺季，趨之若鶩的遊客常會把小巷擠得水洩不通。此情此景，恐怕是卡夫卡始料未及的吧！

地牢裡的悠揚琴聲

城堡的最尾端，隱藏著一座罕有遊客足跡的達利波卡之塔，那是當年維拉迪斯拉夫二世擴建此堡時所增建的防禦工事，1489

卡夫卡位於黃金巷的故居。王汶松／攝影

年因爲關進達利波卡得名。

　　達利波卡是一個英俊貴族，因同情宗教改革和保護農民，被關進監獄。他在獄中以學習小提琴自娛，結果他拉得出神入化，人們聽到他悠揚的琴聲，都爲之心軟，不覺地來到地牢旁邊，站在那裡聽得出神。不僅如此，大家還爲這個可敬的年輕人送來食物，並替他求情，但是最後達利波卡仍被處死，徒留下悲傷的記憶。

　　後來捷克的大音樂家史麥塔納（Bedrch Smetana）用這個故事寫成歌劇《達利波卡》，傳唱至今。

隨著時代的變遷，布拉格已逐漸趕上巴黎、倫敦與維也納三大歐洲藝術之都，每年的「布拉格之春」國際音樂節更是藝術愛好者的最愛。

十三世紀中葉，蒙古人入侵，使得原本的王都佩斯毀壞殆盡，當時的匈牙利國王貝拉四世便選擇多瑙河畔的險峻山岩，興建起易於防禦的布達城堡。

多瑙河的珍珠

布達和佩斯串起的多瑙河珍珠

匈牙利首都布達佩斯，坐落在匈牙利的北部，是一座世界上罕有的雙子城。藍色的多瑙河從北向南，恰好從新舊兩城間貫穿而過。河的西岸是一片丘陵起伏，爲舊城布達的所在地；右岸則是寬闊的平原，爲新城佩斯發展的地點。這兩個新舊城市沿著多瑙河畔而立，以古典與現代美的光澤，相互輝映在多瑙河上，成爲多瑙河上最耀眼的一顆珍珠。

「布達」和「佩斯」是1872年合併而成，在此之前這兩個城市原是分開獨立的。1848年，當地的富豪賽錢尼伯爵以他自己雄厚的財富，聘請兩位英籍技師，爲兩岸的城市建立起第一座橋樑──賽錢

尼伯爵鏈橋。到了今天，在多瑙河上總共建有八座大橋，成為市民不可缺少的交通動脈。

布達佩斯的發展，在19世紀之前，原是以布達為主，但是由於受到丘陵地形的限制，布達的發展漸漸被佩斯趕上。到了19世紀末奧匈帝國時期，由於奧國的首相梅特涅曾經輕蔑地說過：「維也納以東都是亞洲地區。」當時的匈牙利人為了證明布達佩斯的水準是能躋身歐洲世界之列，便積極著手建設布達佩斯。

平坦的布達佩斯，使四周外族得以長驅直入，因而歷經許多民族的入主，但屢毀屢建的民族韌性，卻成就出古蹟與現代建築並陳的雙子城。如今，歷史軌跡的風情萬種已成為它的觀光資源。

　　他們不僅遠至法國、義大利學習文藝復興，新古典主義的樣式，並且從巴黎請來都市計劃專家奧斯曼男爵，為布達佩斯設計新的都市計劃。在這段時期，布達佩斯的新建築有如雨後春筍紛紛建立起來。爾後，匈牙利在邁向民主化的過程中，雖然烽火連連，但也不忘整建首都的古蹟，努力使其恢復舊貌，而最著名的布達城堡以及多瑙河兩岸的歷史建築，經過多次浴火重生之後，於1987年被聯合國科文組織視為人類最偉大的文明史蹟，並列入世界瑰寶之林。

布達城堡

　　城堡山（Varhegy）位於多瑙河左岸，海拔約一百七十公尺，雖面積不足一平方公里，卻是布達佩斯遺蹟最古老、最集中的地區。

消失中的城堡 194

烽火綿延下的布達城堡歷經波折，直到50年代初期，才有特別的委員會重建整修。趙光華／攝影

布達城堡在十三世紀始建時為防禦要塞，後來的國王為了加強防禦能力，開始在四周加築城牆；到了1476年，深受人文主義薰陶的馬提亞斯下令擴建，還自義大利延攬雕刻家，引進文藝復興風格的雕刻藝術來裝潢皇宮。其後因遭到鄂圖曼土耳其帝國的攻擊，整個王宮幾乎全毀，直到十八世紀，才由奧國女皇瑪麗亞・泰瑞莎以巴洛克式建築重建。

然而，城堡仍是波折不斷，又兩度受到十九世紀的獨立運動與二次大戰的戰火摧殘。直到五十年代初期，才有特別的委員會重建整修。

如今王宮已成為國家圖書館，當中還包括三間博物館——歷史館、現代史館及美術館，陳列著許多匈牙利的歷史文物及藝術家作品。

城堡山上的另一個焦點是有彩色屋頂的「馬提亞大教堂」（Matyas Templom），其設計跟維也納的史提芬教堂十分相似。歷屆匈牙利國王，均在此加冕，但十六世紀時，匈牙利被土耳其佔領，這座顯赫有名的教堂，竟變成了清真寺，直至土耳其軍撤退，才修復成如今所見的天主教堂。每逢星期天，都有水準極高唱詩班領唱，而每逢星期五晚，則有風琴演奏。

布達城堡。趙光華／攝影

閃爍著皎潔光芒的的漁人堡

（Halasbastya）

　　除了布達王宮，城堡山上還有一座建在古老要塞遺址上的漁人堡。

　　漁人堡沒有華麗的裝潢，也沒有雄偉的建築，更沒有精緻不凡的庭園，但她卻代表平民的力量。西元十九世紀時，一群勇敢的漁民在這裡拼命地保護布達王宮，發揮了防衛的功能，而這個漁人堡就是為了紀念他們而建的紀念塔。

　　新羅馬樣式的漁人堡，各部份均以迴廊相連接，自崖邊迴廊極目遠眺，可欣賞到美麗的多瑙河景觀。她的外觀雖然灰樸，但是一到晚上，在昏黃燈光的烘托下，彷彿童話中的沙堡，散發出瑩白而浪漫的光芒，美得叫人動容。

布達城堡。趙光華／攝影

漁人堡是布達佩斯的代表性地標之一。19世紀時，一群勇敢的漁民在這裡拼命地保護布達王宮，而這個漁人堡就是為了紀念他們而建的紀念塔。趙光華／攝影

伊斯坦堡除了是歐、亞、非三洲的交叉路口和黑海、地中海、印度洋的交通樞紐外，還是世界上唯一曾經擁有三個名字的著名國際大都市。君士坦丁堡、拜占庭和伊斯坦堡都是她的美麗名字。

黑海之鑰

滄桑巨變的悠久歷史

因為伊斯坦堡的天險位置，使它自古成為兵家必爭之地，它的歷史起於西元前7世紀，當時就有希臘人來此殖民。接著而來的是波斯帝國的擴張勢力，他們利用峽灣這個天然屏障，在岬角的西面建起了一道要塞作為防禦工事，大流士西進歐洲便是以此地為跳板；而歐洲的亞歷山大東征，更在奪得此城後，順利前進。

伊斯坦堡就在歷代軍戎帝王幾度東去西來之際，漸具規模，尤其是西元324年，羅馬帝國君士坦丁大帝將帝國首都遷移至此，它便從原來的拜占庭一變為聞名的君士坦丁堡。

君士坦丁大帝遷都是想藉此城兩控歐亞的地理形勢，將帝國重心東移，便於統治東方。君士坦丁堡就在精心規劃下，仿羅馬古城，築堡建壘，成為當時歐洲的第一大城。後來羅馬帝國東西分裂，君士坦丁堡更成為羅馬帝國的政治中心。原來君士坦丁堡大主教是僅次於羅馬教皇的宗教領袖，也因此一變為希臘正教（亦稱東方正教）的實際領導人。君士坦丁堡肩負政教重任，繁

盛一時。但是當羅馬帝國國勢衰頹時，君士坦丁堡便不斷遭受攻擊。

最後終於在1435年，鄂圖曼土耳其人滅了東羅馬帝國，佔領了君士坦丁堡，從此成為回教中心。一直到土耳其共和國建立，遷都安卡拉，君士坦丁堡才改名伊斯坦堡，走進現代歷史。

世界遺產大城牆

今天的伊斯坦堡，跨歐亞兩區，另有一條從歐洲大陸流下來的金角河（Golden Horn R.），將歐洲國土區分為二，伊斯坦堡三區頂立。

在伊斯坦堡市中，西臺古國的色彩淡了，只餘一些遺址、石像。希臘、羅馬的基督色彩也僅表現在殘留的石砌建築、宗教壁畫、石窟上。倒是在幾千年的歷史長河中，歷代統治者所修築的防禦工事保留了下來。其中最大的一個是拜占庭帝國皇帝狄奧多西在公元413年建造的大城牆，長約7公里，卻絲毫沒有遭到戰爭的毒手。現在這座城牆已經被聯合國教科文組織列為世界遺產重點保護。

伊斯坦堡就像土耳其的前哨尖兵，往西一跨，便是歐洲，往東一退，就是土耳其廣大的小亞細亞。它夾在黑海與地中海中間，前後有兩道大門——博斯普魯斯海峽和達達尼爾海峽，伊斯坦堡就位在博斯普魯斯海峽兩岸，緊緊守住此咽喉地帶，只要控制伊斯坦堡，任誰也難以出入黑海。

藍色清真寺與紅色教堂

經過了回教文化的千年洗禮，如今伊斯坦堡最具特色的建築都有深濃的回教色彩。其中以「藍寺」最具代表性。

阿夫美特寺院之所以以「藍寺」聞名，就在於它華麗的內部。從外表看阿夫美特寺院，灰樸古拙，十分肅穆，可是卻有著華麗內部，滿牆滿屋頂的精美鑲嵌，以幾種間色的藍爲主調，再配以比例較小的綠色，當光線從天窗射入，它們便在眼前跳閃成一片躍動的藍海，教人驚呼「宇宙之光」！更常讓虔誠的回教信徒，感動得跪地膜拜。

正對藍寺，卻是另一個宗教世界──聖蘇菲亞大教堂，它的建築以紅色爲主調，雖不及藍寺華麗，可是卻歷史悠久，滄桑歷盡。它從四世紀建成之後，數度易主，幾次改名，也遭受戰火破壞，直到查士丁尼大帝重修，有計劃地整建蘇菲亞教堂，誓與所羅門王比美，超越他營建過的所有殿堂，遂動用了成千上萬的建築師和工人，親自堅工，催趕工程進度。完工之日，他躊躇滿志，得意高呼：「啊！所羅門，我終於勝過你！」但是蘇菲亞盛極一時，卻也命運坎坷，除了戰火的破壞，又遭受地震之災，聖

紅色聖索菲亞大教堂

蘇菲亞就如此修修補補，過了數百年。

1453年，土耳其人進入伊斯坦堡，領軍的蘇丹王下令改聖蘇菲亞為回教寺院，用布幔遮蓋了所有的天主聖像、壁飾。直到1932年土耳其國父凱末爾才將其改為博物館，聖蘇菲亞終歸恬靜。

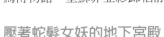

壓著蛇髮女妖的地下宮殿

伊斯坦堡的文物富麗，除了藍寺和聖蘇菲亞教堂的建築美之外，更可在托卡匹皇宮中見到豐碩包容。托卡匹皇宮原是土耳其塞爾柱人建立的鄂圖曼帝國歷代國王的宮殿，叱吒風雲近四百年後，現已改為博物館，館內珍藏有相當豐富的中國瓷器。見到如此細緻易碎的中國瓷器竟出現在遙遠的土耳其，教人不禁想到在那古老的時代，竟有那麼多人，捧著盤，抱著碗，跋山涉水，只為小心翼翼地帶回這些珍品！

托卡匹皇宮的地下亦有一層地下宮殿。這是東羅馬帝國在四至六世紀所建的貯水池，這個地下空間，有三百根柯林斯式大石柱，昏暗中傳來嗡嗡回音和拱頂水滴落水聲。

傳說在這些大石柱中，有兩根壓著神話中的蛇髮女妖梅杜莎（Medusa）；還有一根會流淚的「淚柱」。原來淚柱上有樹紋和孔雀眼的紋路，因濕氣而冒汗。而梅杜莎傳說則是因為兩根石柱底刻有梅杜莎頭像。

藍色清真寺本名為「阿夫美特寺院」，它位於馬爾馬拉海與博斯普魯斯海峽的交界海濱，遠眺伊斯坦堡亞洲區，是17世紀初蘇丹王阿夫美特親自督工所建。它面朝麥加方向，因此成為此地人民宗教信仰的重心。

大阪城由豐臣秀吉於西元1583年在石山本願寺遺址上初建，至今已有四百多年歷史，爲當時日本第一名城，也是日本前所未有的最大城堡。

城市精神

日本的城堡時代

西元1500年代的日本，仍是個中古社會，而天皇只是名義上的統治者，大權都落在將軍或家臣手中，並且由將軍率領著武士參加戰爭、建造城堡。日本城堡的規模與歐洲城堡大，而且在許多方面也有所不同。

早期的日本城堡，全是木造的樓塔。到了西元1576年，強大的織田信長建造了一座新式的城堡宮殿。其中有座7層樓高的城樓（即正宮），外圍築有護城河與石牆。後來的豐臣秀吉和德川家康也仿傚此種造形，命令貴族供應他們建築城堡所需的材料和工人。西元1578年，就有6萬名工人在大阪建造要塞。

日本城堡以木造結構爲主，牆內塡著竹子和黏土，外表則塗上灰泥。雖然窗上裝著木製的窗板，但城內的士兵仍能發射槍彈和箭。日本很少發生圍城的戰事，因爲他們沒有太多大砲，而且日本武士也偏好在空曠之處打仗。

座落在城堡周圍較小的樓塔和正宮則以迴廊相連。這種由迴

廊、出入口與庭院組成的迷宮，也是防禦設備的一種，能使敵軍難以深入要地。

西元1615年，德川家康在多次血腥內戰得勝後，就下令禁止城堡的建造，他宣佈道：「高牆和深溝若為他人擁有，便是重大反動事件的根據。」因此，日本城堡短暫的「黃金時代」就此結束。

城堡裡的武士道

不同於保護西方城堡的騎士，日本城堡的保護者是武士。

德川幕府的首代將軍德川家康（1542—1616），曾為繼任者留下不少遺訓，他有一句名言「刀是武士的靈魂」。這簡短的一句話充分表現出，日本武士階級所堅持的傳統思想與生活規範。

武士身上的兩把刀，除了象徵階級地位之外，也是決定他們生死的工具。長的「太刀」，俗稱「武士刀」，刀鋒稍微外翹，握把處裡有魟魚皮防滑，是最重要的武器；短的「脅差」形式「太刀」，長度較短，通常用於短兵相接、或是戰敗時為免受辱自殺之用。

日本武士的武器不止有刀，他在成為護衛領主的武士之前，專職騎馬射箭。11世紀時，他們被稱為「侍」，也就是侍奉者，自此職業

大阪城是與完成統一天下大業的 16世紀後期武將豐臣秀吉有很深關係的城堡。建於16世紀末，17世紀因戰亂而被燒毀，之後雖然得到再建，但天守閣還是燒毀了。直到20世紀前半期，天守閣才獲得重建。城內有一個占地約6萬平方米的草坪公園，到了春天櫻花盛開的時節，來賞花的遊人絡繹不絕。

武士的階級逐漸擴大，到了德川時代（1603—1867），武士已成為少數的特權階級。只要在「大名」（諸侯）手下任職，就可以維持自己的地位。但是如果遭主人撤銷職位、或是引發主人不悅，武士就得自行放逐為「浪人」，四處流浪找尋新主人。此外，在電影中常看到穿一身黑衣、接受過特殊訓練的「忍者」，其主要任務是幫主人蒐集情報，有時也負責暗殺敵人。

至於武士的行動則必須受武士道的規範。影響武士道的思想背景主要有三，即日本神道、儒家思想和禪宗的「醒悟只有藉由自我克制才可達成」；引申言之，就是要精練武術、生活簡樸和忠貞不二。

武士為了自己的主人或是為了保護自己的榮譽，必須隨時抱持必死的決心，戰敗時必須不計自身的安逸，寧願切腹自殺也不投降。這種強調武士的忠誠美德和視死如歸的武士道精神，在1904年的日俄戰爭中，日軍所採取的「人海戰術」，以及二次大戰時，以賭命的方式駕機撞擊敵艦的「神風特攻隊」達到極致。

戰後日本政府不再提倡武士道精神，但武士道已深入日本文化，成為日本人生活的一部份。日本人的敬業精神，以及員工對企業的忠誠，甚至為企業而「過勞死」，都是武士道精神的再現。

大阪精神的象徵

大阪市在西元四世紀時是日本的首府，到十六至十七世紀是諸侯居城的中心都市，現在則是關西的首府，也是日本的第三大城，而大阪城堡已經成為大阪精神的象徵。

大阪城堡是由將軍豐臣秀吉所建。當他統一了群雄割據的日本全國後，下令在本願寺舊址上興建巍峨壯觀的城堡以作為號令

天下的根據地。自1583年的天正十一年起，從國內各地每天抽調約四萬名勞工，花費三年的歲月，才完成了形勢宏偉的層樓城堡，不但外觀雄偉壯麗，內部更是絢麗豪華，在當時稱為「金城」或「錦城」，是日本的第一名城。

後來德川家族興起而不斷和豐臣秀吉爭權奪利，經過「冬之役」和「夏之役」兩次大戰後，這座名城終於在1615年全燬於戰火中。德川家族奪權成功後，於1620年通令日本六十四名諸侯出錢出力，費時十年才重建完成，從此大阪城堡又恢復當年的雄風，成為幕府統治西日本的重鎮。但是好景不常，又於1665年遭雷擊燒燬，大部份建築物面目全非，僅一道全部用巨石砌成的櫻花門屹立無恙，成為目前僅存的遺蹟。

現在的大阪城堡是在1931年由大阪市民所獻建，雖然是一座用現代化鋼筋水泥所建成的城堡，但是外貌仍完全仿照豐臣秀吉創建時的模樣，依然具有宏偉壯觀的氣派和傳統建築藝術之美。

城堡面積佔地約二十二萬坪，分為內外城兩個部份。外城高約十六公尺，巨石砌成的城牆外，有護城壕圍繞著。從大守門進去是西之丸公園，傳為當年豐臣秀吉夫人所居之處。在廣大的草坪上則有被指定為國家重要文化遺物的「千貫櫓」高樓、「乾櫓」房屋和「燄硝藏」火藥庫等建築物。

城中央聳立著大阪城的主體建築天守閣，飛閣重簷、巍峨宏偉，十分壯觀。內部保存有豐臣秀吉的木像、使用過的武器及繪畫等。在天守閣入門處，有一口形式奇特的金明水井，下面一片漆黑，深不見底，傳說當年愛好吃茶的豐臣秀吉為了求得甘美的水質，曾在井內拋下黃金。

天守閣前還有一塚，1970年萬國博覽會後，有2098件參展物品被日本政府埋葬在此，明示後代子孫於5000年後將它掘起以作為國寶。

灰瓦白牆的姬路城堡，外觀造型猶如一隻展翅欲飛的白鷺鳥，優美動人的風姿常常成為文學作品描繪的對象。在漫長的歷史歲月中，她奇蹟般地倖免於戰火和火災的危害，已被聯合國組織列為世界文化遺產之一。

白鷺展翅

機關重重的天守閣

姬路市位於兵庫縣的西南部，是兵庫縣的第三大城市。這個城市有很多名勝古蹟可供參觀，最主要的是國寶級的姬路城堡，又稱「白鷺城」。

這座城堡建於十六世紀後半葉，由西國將軍池田輝政興建，整座城樓以天守閣為中心，所以天守閣就成為城堡的象徵。天守閣承擔著瞭望台的功能，由一大三小的塔樓組成連立式的建築，在古代的軍事和藝上，都是達到最高的水準，連簷端的瓦紋上，都有鳳蝶、梧桐花和歷代城主的家徽。

姬路城堡也是戰時堅固的軍事要塞，內部設置著許多機關以防敵人的侵犯，最普遍的就是在城堡內設計許多螺旋型的

「繩索」，利用地形之利，使防敵的繩索錯綜複雜，巧妙難解。並在天守閣外再設第二、第三和第四防線，戰備森嚴。在天守閣、守望樓和城牆上，遍設各式各樣的小洞，弓箭和槍械等就是從這些小洞攻擊敵人。此外，還有落石和灌滾燙熱水的機關暗藏在各處。

淒豔的女人故事

在這座現存的世界最大木造建築物裡，隱藏著許多扣人心弦的女人故事，其中以千姬的故事最為有名。

千姬是德川二世將軍秀忠的女兒，德川家康的孫女，她雖然有高貴的家世，但是七歲時就成為政治婚姻的犧牲品，下嫁給豐臣秀賴，結果秀賴十九歲時在大阪夏季之戰中自殺身亡。後來，她和三重縣城主本多忠克墜入情網結成夫妻，並住進姬路城。然而，好景不常，長子三歲夭折，接著心愛的丈夫也撒手歸西，三十歲的千姬再度守寡，孤獨四十年之久，七十歲時追隨亡夫於幽冥。後人為了紀念她，在城堡留下幾處與她氣息相關的名勝。像姬路城內的「化粧淺樓」，就曾經是千姬休憩的地方；「男山千姬天滿宮」是千姬遙拜的地方；沿著護城河畔還有「千姬小徑」，是她時常徘徊的路徑；以及她經常賞花的「千姬牡丹園」。

在市區的慶雲寺內，有「阿霞清十郎比翼塚」，也流傳著一段淒美的故事。傳說在階級嚴格的江戶時代，千金小姐阿霞愛上年輕僕人清十郎，但這段戀情終究得不到寬恕，兩人只好私奔，失敗後清十郎被處死，阿霞也落得發狂的悲慘下場。

城樓東南面有一口古井，500多年前每逢夜裡，井中會傳出女人帶著怨恨聲在數著盤碟「一盤、二盤……」。這是日本鬼怪故事中有名的「播州皿屋敷」的場景。女主角是阿菊，她因潛入發動政變的一夥中查探秘密，被識破後，以打破傳家寶盤碟的冤枉罪名被扔進井裡。據說從此以後，可以聽見阿菊由井裡陸續不斷傳出的悲怨聲。

chapter 5

戰爭的
回音

士兵衝殺的吶喊，鮮血潑灑的熱度，

在幽深城堡小徑，在斑駁的牆面，

迴盪……徘徊……

2004年，英國媒體舉辦城堡Top10的票選，結果英國人心目中的UK第一堡就是超過1000年歷史的渥里克城堡。

薔薇戰爭

氣勢豪邁的中世紀城堡

從莎士比亞的故鄉史特拉福北行十三公里，就可以遠遠望見高聳在艾芬河畔的渥里克城堡。氣勢豪邁的渥里克城堡被公認是英國現存五百多座的古堡中，保存最完整的中世紀莊園式城堡。

它的歷史可追溯到1066年，威廉一世創建諾曼王朝後，即採取采邑制確立封建制度，他將這整個地區賜封給渥里克伯爵作爲莊園。1068年，渥里克伯爵先在這裡建立軍事堡壘，一直到十四世紀，雄偉的石造渥里克城堡才有大致完整的面貌。而後，當戰事不再頻仍時，擁有者便將它改造成「王國中部最具王者之相的宅邸」，以突顯其地位。

今日的渥里克風貌，主要完成於十七世紀的主人福克‧葛拉維爾，他還請了當時最有名的庭園大師布朗（The Capabilty Brown）設計花園；1970年，杜莎德夫人買下此座城堡，大加整頓，並成立蠟像館。這些布置在不同房間的蠟像，完全仿造那時代的生活場景，而且每一個人物都是當時

的真實人物，他們將歷任堡主在英國史上的重大事蹟一一向世人道來。

古堡風雲錄

　　光看渥里克古堡的名稱，就有個「War」藏在其中，由此可見這座城堡的殺戮之氣！的確，這座易守難攻的中世紀古堡，雖是躲避戰禍的好所在，但還是經歷過不少戰役，使得古堡迄今仍有古戰場的陰森之氣，走在城堡的古橋上，都可以感覺到這些古老的石頭曾經吸收過幾次血流成河的大戰情景。

有著悠久歷史的古堡塔樓，至今保存完好，據說在某些星夜特別黯淡的深夜，古堡地底會傳出傷兵的哀嚎聲，莊馨云／攝影。

渥里克古堡 | Warwick Castle

　　1216年，由於國王亨利三世年僅九歲，造成貴族孟福爾專權干政；亨利三世長大後於1264年率領貴族軍團對抗，當時孟福爾即劫佔渥里克堡，作為貴族軍隊的基地。翌年，亨利三世和愛德華王子被俘，孟福爾召集貴族、騎士及每個城鎮兩名市民代表，主組成議會管理國政，被認為是英國議會的最初雛型。後來愛德華王子擊敗孟福爾軍隊，亨利三世遂得以復位。

　　到了十五世紀，家徽為紅色薔薇花的蘭開斯特家族和家徽白色薔薇花的約客家族，因爭奪王位於1455年發生「薔薇戰爭」。

消失中的城堡 212

氣勢豪邁的華里克城堡被公認是英國現存500多座的古堡中，保存最完整的中世紀莊園式城堡。莊馨云／攝影

1465年，白薔薇派的堡主渥里克‧納維爾伯爵俘虜紅派的國王亨利六世，納維爾本是白派國王愛德華四世的手下大將，卻在1469年發動叛變，從倫敦塔裡救出亨利六世，逼得愛德華四世只好逃往法國；1471年，愛德華四世重返英國，率領白派軍隊攻打渥里克堡，納維爾最後在城外的決戰中被擊斃，亨利六世也被處死，愛德華四世登上王位，結束了近三十年的內戰。

1642年，渥里克堡再次經歷戰火洗劫——當時的國君查理一世為擊退入侵的蘇格蘭軍，要求議會撥款充實戰費未果，憤而解散議會引起內戰，擁護議會的一方屢戰屢敗，渥里克城堡幾次被保皇黨軍隊圍攻發生激戰。後來由歷史上有名的克倫威爾率兵擊敗王軍，處死查理一世建立共和。

這座歷史悠久的古堡裡，作為防禦用的克雷倫斯塔（Clarence Tower）、作為賓客和僕人住宿的人塔（Guy's Tower），以及行刑和囚禁政敵的凱撒塔（Caesar's Tower），至今都保存完好，連內部房間都還保留著當時擁有者居住時的模樣。據說在某些星夜特別黯淡的深夜，古堡地底會傳出傷兵的哀嚎聲。

華里克古堡的蠟像館，杜莎德夫人買下此座城堡後，成立蠟像館。這些布置在不同房間的蠟像，完全仿造那時代的生活場景，而且每一個人物都是當時的真實人物，他們將歷任堡主在英國史上的重大事蹟——向世人道來。莊馨云／攝影。

西元一世紀時強大的羅馬帝國積極地對外擴展勢力，佔領了大不列顛島，並且把此地列入龐大帝國領土的一部份。然而北方仍是蘇格蘭民族所盤據，而且時時舉兵南侵，爲了預防此，當時的每一個羅馬皇帝都熱衷於長城、堡壘和砲臺的建築，其中最引人注意的是哈德良長城。

英國的金黃腰帶

工程專家羅馬人修築的要塞

羅馬人既善於戰鬥，也是工程專家，他們建造了橋樑、道路和要塞。憑藉著這些大大小小的要塞，他們向外發動攻擊，也維持了整個羅馬帝國的和平。

西元122年，羅馬皇帝哈德良下令由英格蘭西岸的卡萊耳（Carlisle），向東延伸到濱臨北海的新堡（New Castle），建築一道全長一百一十八公里，高度五公尺，橫斷大不列顛島的防禦工事。這道城牆完工後便以哈德良的名字命名。

整座城牆部份以石砌，部份則用泥炭築成，城上每兩公里設有一個監視站，其中還分佈十五個石造大要塞和小型碉堡，這是因爲羅馬人擁有許多軍團，而且每個軍團都有六千名士兵，因此他們需要像軍事城鎮一般大的基地來容納這些軍隊。

典型的羅馬要塞呈長方形，四周是高四公尺、用泥炭或石塊築成的城牆，內部可容納八百人。四面城牆各有一扇大門，共有

二條道路縱橫於塞內，裡面還有許多作為軍營的長形建築物。

羅馬人很聰明，他們通常會把要塞的外牆築得比實際堅固的樣子。大多數的要塞，都是先在木製骨架上覆上枝條與灰泥作成土牆，接著在牆上又塗以灰泥，使完工後的城牆看起來跟石頭砌的沒兩樣。

今日，哈德良長城除了被聯合國列入世界遺產保護之外，也與「大笨鐘及議會大廈」、「史前石柱群」、「溫莎城堡」、「約克大教堂」、「倫敦摩天輪」、「伊甸園」一起被列入英國現代七大奇觀。

哈德良長城位於英國的蘇格蘭和英格蘭之間，作用在於防範北方（蘇格蘭）蠻人（凱爾特人及皮克特人）南下騷擾，全長七十三英里，此長城有十五英尺高，頂部有六英尺寬，是西元122年，羅馬皇帝哈德良下令修建的。莊馨云／攝影

哈德良長城
Hadrian's Wall

哈德良長城今日所存不及當年五分之一,而且均為考古挖掘遺址。城牆比原來的矮了一大截,瞭望塔、要塞等遺址更是一片廢墟。但因為它具有「獨一無二的世界性價值」,因此獲得英國政府有力的支持,擁有完善的法律、長遠的規劃和細緻入微的管理,莊馨云/攝影。

長城兩端互相輝映

　　哈德良長城在卡萊耳以東二十九公里間，還保存得相當完整。卡萊耳建於十二世紀時，是一個典型的諾曼式城市。城內至今仍殘留有許多堡壘式建築，在英國的精心保存下，儼然成為一個博物館都市，開放給人們參觀。

　　新堡位於英格蘭北部的東岸，是一個忙碌的工業都市，造船業發達，同時英國煤礦的輸出，也是以此地為最大的貿易港之一。城市郊區是一片綺麗的草原風光，世界名著《咆哮山莊》即是以此地為背景完成的。

　　卡萊耳和新堡，就分立於長城的兩端，一古樸，一繁麗，遙遙相輝映！

哈德良長城除了被聯合國列入世界遺產保護之外，也是英國現代七大奇觀之一。
莊馨云／攝影

西元八世紀，查理曼大帝積極進行統一法蘭克王國霸業，大軍攻打卡爾卡松城堡，一打便是數年，卡爾卡松城堡彈盡糧絕，負責守城的是位叫Carcas的公主，她在絕境中想出妙計，將一堆小麥塞進一隻豬的肚內然後將豬拋出城外，查理曼大帝誤以爲卡城如此富裕，連豬也吃到肚滿腸肥，於是便決定撤軍。誰知公主卻愛上查理曼大帝，當法軍拔營準備離去之前，她集結全城百姓，在城牆上搖鈴喊查理曼回來一敘，自此城堡便名爲「Carcassonne」（sonne是法文「鈴」的意思），留下一段英雄與美女的千古佳話。

經典軍事建築

銅牆鐵壁般的戰備城堡

卡爾卡松位於法國南部接近庇里牛斯山的隆格多省，是歐洲大陸由大西洋通往地中海的必經要道，也是監控伊比利半島（西班牙）的走廊，自古以來這裡即是兵家必爭之地。

卡爾卡松堡。謝幸蓉／攝影

築城歷史追溯到西元前6世紀，那時卡爾卡松已是高盧人的屯墾殖民地，隨著羅馬帝國的擴張，卡爾卡松成爲羅馬帝國外圍的城鎮中心，羅馬軍隊在此以木柵和

土壘築成要塞防衛，2世紀開始改以石塊堆積建造城牆，而後歷經西哥德人、撒克遜人、法蘭克王國之建造，至13世紀時更在路易九世、菲力浦三世兩代父子國王的大力增建下，使得卡爾卡松成為無懈可擊的戰備城堡，就連血腥的英法百年戰爭期間，卡爾卡松也牢不可破，未受波及。

卡爾卡松古堡嚴密地與地形景觀緊緊相依，尤其城堡的西面，可以體會城堡居高臨下的肅殺之氣。如此龐大的軍事建築巍峨聳立在山頭之上，就可以瞭解當年查理曼大帝，何以率領大軍圍攻五年都無法攻破之由了。

國界重劃古城荒廢

自13世紀開始，卡爾卡松城堡外的下城區迅速發展，尤其是紡織業的興盛，更帶動了下城區的繁榮。1659年，法國與西班牙國界重劃，以庇里牛斯山為界，使法國的邊境南移，卡爾卡松失去了昔日的戰略地位，自此，它最大的敵人不再是任何入侵者，而是迅速發展的下城區，這是因為卡爾卡松的官員、貴族皇族幾乎全移往更為舒適便

利的下城區。

由於戰略地位的式微，法國大革命期間，卡爾卡松被劃歸爲舊法國政治和社會制度下的無用產物，龐大的城堡變成一座無足舉重的軍械庫和貨物集散地。1820年，法國軍事當局由於龐大的維修開支，宣佈棄守城堡，不可一世的軍事城堡從此逐漸走上沒落荒廢的命運。

兩年後，軍方再度宣佈卡爾卡松古堡爲二級軍事根據地。但在1850年，法國政府竟然下令鏟除殘破的卡爾卡松城堡，城牆、城塔、石塊被無情地拆去，改做其他用途。

就在此時，梅里美發現了卡爾卡松之美，於是大聲疾呼保護卡爾卡松古堡。經過古蹟保護人士的不斷奔走，終於成功地阻止了軍方的命令。

昔日鋒芒再現

1844年，法國政府指派修復中世紀建立專家維雷·勒·杜克（Viollet-le-Duc）開始進行修復工程。從1844年至1879年之間就有近三千名包含有石匠、木工、廚師等身份的軍人，在維雷·勒·杜克的指導下，進行古堡的修復。但卡爾卡松龐大的復原工程，讓這位以考證嚴密著稱的國寶級建築師在1879年去世前還未

卡爾卡松堡。謝幸蓉／攝影

完成，後來的工程由他的學生在1910年才全部完成，並在1997年被聯合國教科文組織列入世界文化遺跡保護。

　　如今，卡爾卡松城堡仍傲立在歐德河畔的山丘上。英雄已逝，殺戮戰場已遠，白天的它有的只是一種蒼涼的英雄霸氣；入夜以後，卡爾卡松古堡像法國其他古蹟一樣，被金黃色的燈光包圍，神秘又壯觀，有如一則古老卻未曾褪色的傳奇，向遊人娓娓訴說千古偉業。

卡爾卡松城堡是現今歐洲最大、保存得最完整的中世紀軍事堡壘。時至今日，英雄已逝，殺戮戰場已遠，白天的它有的只是一種蒼涼的英雄霸氣。

阿克胡斯城堡是挪威最古老的城堡，在第二次世界大戰期間，還是德軍在奧斯陸的指揮總部，叱吒風雲後，如今改爲博物館，向世人炫耀著北歐文化的壯闊。

海盜王的故宮

典雅莊麗的藝術重鎮

「阿克胡斯」是挪威首都奧斯陸一個鄰郡的名字，但對於旅人來說，它也是矗立在阿克海角邊上一座雄偉的城堡的名字，從這座城堡可以俯瞰市政廳和奧斯陸市中心的全貌。站上堡頂遠眺那山水相會的幽深一隅，奧斯陸就躺在奧斯陸灣的懷抱，緩緩吐露出屬於海洋文化的迷人氣質。

奧斯陸是個建於十一世紀的古城，但因爲十六世紀的一場大火，讓在灰燼中重建的城市呈現多元面貌，它有繁華倉促的工商社會的步調，也有悠揚典麗、引人發思古幽情的傳統旋律。

首先，它以繁喧的港口迎人，展示它特有的標誌——市政廳廣場；循著市街，奧斯陸表現出它現代的一面，整齊而雄偉的建築物赫立街旁；等再深入到奧斯陸城內，到處林立的美術館、博物院，珍藏著藝術的精華、歷史的痕跡，讓人不得不驚嘆它藝術氣質的偉麗。

除去它熱鬧的港口，工商業的繁忙，奧斯陸最吸引人的就是它藝術風華的一面了。其中，孟克美術館中的畫作和福洛格納公

園的雕像群則是挪威人最引以爲傲的兩個藝術寶庫。

　　孟克生長於奧斯陸，他的《吶喊》曾經在十九世紀初強烈地影響了歐洲當時分離派的發展，因此他被稱爲繪畫藝術的「表現主義之父」。除了孟克美術館之外，奧斯陸國立美術館也收藏了一些他的畫作，並視之爲國寶。

　　福洛格納公園則是個相當獨特的藝術公園。園中到處配有人像雕塑，或站或立、或成群、或獨立，或喜或怒、有笑有淚，千型百態，栩栩如生。其中最顯眼的是中央的一支石柱。由柱根到柱頂，旋轉雕刻著由老人到幼童、男男女女的人生過程，悲歡哀樂，將生命的原始面貌赤裸裸地呈現眼前。石柱上的雕像揭示人類生、老、病、死的奧秘與循環，在藝術價值之外，更深具警世哲理。

　　這些珍貴的藝術寶庫，使奧斯陸雖然身處歐洲文明的邊緣處，但仍是典雅莊麗的藝術重鎮，兀自閃耀著它自己的光彩。

位於奧斯陸的阿克胡斯堡，是當地最古老的城堡，也是中世紀非常具有代表性的建築物。它是國王荷根五世於14世紀所建的，不過17世紀時克里斯欽四世大肆整修，所以目前城堡充滿文藝復興時代的風格。陳秋如／攝影

堅實要塞與華麗宮殿的絕妙組合

　　阿克胡斯城堡原為一伸出海面的城寨建築，建於1261年，傳說是挪威海盜王的故宮。到了1300年，當時的國王哈康五世帝為抵禦外來侵略，下令重新改建，城堡工程在1308年國王去世前不久竣工，成為中世紀最具代表性的建築之一。

　　阿克斯胡城堡建成不久便成功地抵禦了瑞典埃里克公爵的進攻，並且在這以後的歷次戰役中證明了它的堅不可摧。所以在1319年後的六十年間，一直是挪威王的居城。後來在1624年發生火災，把城的一部分燒毀，於是在1648年丹麥王克麗斯汀四世便把損毀的部分改建為文藝復興樣式的王宮，不過城堡正面的部分仍保留中世紀的樣子，城牆及瞭望台都稍有經過任何改動，內部則加入了華麗的宴會廳及接待室，地牢部分又設置了地下通道等，形成堅實要塞與華麗宮殿的絕妙組合。現在城堡被政府用作國家招待外賓的宴客廳，而王室人員就一直沿用城堡內的禮拜堂，這個禮拜堂亦是哈康七世及奧拉夫五世的長眠地。

阿克胡斯堡原是王室的官邸，堡內裝潢甚為華麗，另外更設有「挪威抵抗運動博物館」及「挪威防衛博物館」等兩個重要博物館。陳怡菁／攝影 *(http://www.ustar.cc/yinching)*

海盜的歸鄉

阿克斯胡城堡除了是王室的宮邸之外，還設有兩個重要的博物館，將維京海盜歷史脈流中典雅古樸的一面留存了下來。

北歐是海盜的故鄉，西元800年到1050年之間，是北歐歷史上所謂「維京人時期」。維京人是慓悍的民族，由於居所之地苦寒窮困，人口增加又帶來生存壓力，所以為尋求物資而出海謀生。他們起先以和平方式與其他民族交易，但在當時無法制的社會中，武力是自衛所必備的。如果遇到軟弱的對手，搶奪倒成了最迅速的方式。於是他們以其優良的航海與造船技術，加上勇猛冒險的精神，以海為家，四處劫掠，橫掃歐洲，掀起海上風暴。所以「維京人」便成了「海盜」的代稱。

維京人的足跡橫亙北海西洋，如今昔日的海上英雄灰飛湮滅，而他們的伙伴──一艘艘英挺弩張的海盜船，就這樣無聲無息地棲止在博物館中，敘說著一個又一個澎湃古老的故事。

在城堡博物館中，靜靜躺著的，有著名的「奧塞貝利號」、「杜內號」及「科克斯塔德號」，它們都是維京人的葬船。維京人將船視為第二生命，生為船家，死亦海葬，且將船葬視為最光榮的葬禮。他們深信人死後會被邀請於主神奧丁所住的宮殿，如同生前一般地戰鬥，快樂地吃喝，所以王侯或英雄要舉行以船為墓的葬禮時，一切財寶、武器、生活用具及殉葬者，都與船和死者同埋，或是焚燒後投入海中。

杜內號及科克斯塔德號是兩艘較早發掘出來的葬船。這兩艘船因為埋在土質不透氣的黏土臺地，所以船身未受侵蝕，完好無損。可是它們均遭盜掘，只剩船隻空殼。

奧塞貝利號則於1904年被發現，是艘女王葬船，船中挖掘出相當寶貴的文物，因此推翻了一般人對海盜粗野無文的觀念。

最能代表華沙歷史見證的就是華沙古城。古城區南側佇立著一座富麗堂皇的五邊形王宮，也稱作「華沙城堡」。

瓦礫堆中的城堡

蕭邦的故鄉—華沙

傳說在1596年，波蘭國王齊格蒙特在全國到處巡遊，想為王國找一個理想的都城。一天，國王來到維斯拉河畔一座風景秀麗的村落。這裡只住著一戶人家，國王四處查看時，一條人身魚尾的美人魚從河裡跳出水面，對著國王唱了一支優美動聽的歌。國王立即愛上了這個地方，遂決定在這裡建都。國王問正在河邊嬉戲的兩個孩子：「這個地方叫什麼名字？」，孩子回答：「沒有名字」。國王又問孩子叫什麼名字，哥哥答，叫「華爾斯（Wars）」，妹妹答，叫「沙娃（Sawa）」。於是國王決定把他們的名字連在一起，作為這個地方的名稱，這就是「華爾沙娃」（中文譯為「華沙」）。1611年，華沙正式成為波蘭的首都。

十七世紀，黑死病流行，匈牙利侵略，貴族叛亂，瑞典入侵等災難，使華沙成為廢墟。之後，普魯士、俄國和奧地利三國三次瓜分之後，波蘭於1795年滅亡。十九世紀初，在拿破崙的支持下，弱小的華沙大公國誕生了，但沒有維持多久，大部份國土即被俄國吞併。

俄國佔領波蘭長達一百年之久。這期間華沙建造了大劇場、波蘭銀行、貝爾維迪爾宮殿等許多建築。第一次世界大戰以前，華沙已是現代化都市。但第二次世界大戰中，華沙成爲瓦礫。戰後，華沙人浴火重生，立下了「連城上的一條縫也要原原本本地復原」的決心，奇蹟般地快速重建起來，無論是一磚一瓦，都向世人證明了波蘭人的生命力和韌性。

華沙也是音樂家蕭邦的故鄉。蕭邦從小生長在這裡，先是在酒鬼老師懷契夫的門下學習音樂，而後進入華沙音樂學院，接受正式的音

華沙城堡，華沙在戰火中浴火重生，快速重建證明其民族的韌性與生命力。王瑤琴／攝影

樂訓練。直到20歲時，由於局勢動蕩不安，蕭邦從此離別家園，踏上異國的土地。1848年，罹患重病的蕭邦在巴黎寂寞地離開人世，但他那鮮明深刻的影像及那份對祖國的熱情，卻永遠烙印在華沙市民的心中。

蕭邦去世之後，他的遺體遍灑在終身伴他飄泊的祖國泥土上，他的心臟也安葬在故鄉的聖十字教堂，這間教堂曾經是蕭邦居住過的地方，因此就把他的心臟存放於牆壁中，但是因為戰亂曾經一度被取出。目前仍繼續保存在教堂左邊的第二根廊柱裡。

舊皇宮風華再現

華沙的舊市區，是一個歷史的中心。來到這裡，便彷彿踏入了中世紀的古城。事實上，這裡的一磚一瓦，都是當地居民從第二次世界大戰後的廢墟中，苦心經營起來的。戰後的華沙市民，在重整故園的熱情下，決心將舊城恢復得與戰前一模一樣。因此，他們從支離破碎、一點一滴的圖片及資料中，尋回往昔的面貌，然後再依樣重建起來，不僅努力保留了歷史，也讓後人得以再見華沙極盛時的風華。

也稱華沙城堡的舊皇宮裝修得富麗堂皇。皇宮畫廊裡陳列的全部是波蘭歷史上最有名的畫家揚‧馬特伊科所描繪的波蘭歷史畫。皇宮西側是不大的廣場，廣場南端立有一根廿二米高的花崗石圓柱。圓柱頂端是決定定都華沙的奇格蒙特三世的青銅雕像。這根圓柱是華沙最古老的紀念碑，也是華沙的象徵之一。它同皇宮形成一個和諧的主題。皇宮旁另有一些紀念建築成為重建後華沙的點綴，這些建築具有哥特式、文藝復興式和巴洛克等各種風格，而靠近城堡並沿維斯拉河生長的綠林將老城環繞起來。

土石巨人的成長

城堡的前身—要塞

在遠古時代，人類就懂得在他們認為最安全、能遠離野獸與敵人的地方（例如山丘上）來建造自己的家園；或是在家園四周圍起竹籬笆或種植一片帶刺的矮樹叢。大約在一萬年以前，出現了第一座有城牆的市鎮。這類市鎮多數以農業、手工業或商業為發展基礎，而累積了大量財富，因此他們也成了貪婪鄰居的掠奪對象。

市鎮的統治者為了要保護自己的城市與宮殿，便開始建造防禦工事，而後逐漸發展成為城堡。「Castle」（城堡）就是源自於拉丁文「Castella」（防守邊境的要塞）。

城垛式城堡

早期的城堡主要是土木結構的土崗——城垛式城堡。它是一座高高的土崗，其外圍掘有一道深且寬的壕溝。土崗頂部還要用厚實的木條欄柵圍起，其間會間隔地修建塔樓，塔樓數量的多少則要看領主財力而定。在這個周圍中心是統御整個城堡的中心要塞，或稱城堡主堡。

城垛式城堡的中心要塞通常為一坐木質碉堡或塔樓。塔樓很小，僅能安置主人和他的親屬，土崗的整個空間也非常有限，往往無法容納城堡的守護人員。因此，土崗下面會用壕溝和柵欄圍出一個廣大的空間，通常稱為城垛，個帶有吊橋的傾斜活動架就其與高處的砲台相連。

城垛的形狀取決於地形，一般分為圓形或橢圓形，有時因需要也會修建兩三個城垛，修在土崗前，或在土崗兩側。這樣，守護軍就可以利用土崗和城垛的內部空間生活，並抵禦小規模的侵襲。在危急時刻，守護軍還可以爬上土崗的斜牆，抵禦敵人。

石質城堡

11世紀末12世紀初，隨著戰爭技術的發展和城鎮的復興，石質城堡增多。此前，歐洲大陸條件允許的地方早已使用石塊建築城堡了。

但是，促成石質城堡重大發展的則是11世紀末的第一次十字軍東征。戰鬥中倖存的守軍戰士大都返回了家園，保衛征服土地的任務就落到了少數留守的騎士身上，其中最為著名的是神殿騎士和醫院騎士團。他們像威廉一世一樣修築城堡，借鑒其希臘盟軍和對手的建築技術，修築了更大、更複雜的石塊城堡。這一新的城堡模式在歐洲迅速傳播開來。

石牆最先取代了土崗上的木柵欄，但因為土崗過份鬆軟而無法支撐沉重的石牆，因此只好在堅硬的城塬上建立新的堡壘。同時，有要用石質的幕牆來代替原先城塬的木柵欄。

幕牆由切割成塊的石頭逐層砌成，在幕牆頂端會有間隔地留下空隙，形成帶槍眼的城垛。

石塊城堡的主塔通常為長方形，有時也會將它們建在地勢高的岩石上。但是，對於石塊城堡來說，地點並不是問題，因此11世紀時石砌塔樓在法國北部大量出現。

磚石城堡

12世紀長方形的石砌塔樓繼續增加，但是它的弊端也很快顯露出來。由於其四角的承重力不夠，因此極易被破壞，而且還不利於防守。於是，人們就借鑒拜占庭人和阿拉伯人的易於防禦的圓形和多角城堡主塔，而且開始使用能防火的磚石建造。

這一時期，其他精密的設計也出現了。例如：為了加強門廊安全而設計的城堡吊閘；另外，還在已設有槍眼的城牆外側增加了堞眼，用以投擲物體或潑倒沸水。

13世紀的城堡受十字軍的影響更為強烈。歐洲所有的山頂上，幾乎都有一座城堡。

這一時期的某些城堡會包含一座由堅實石造幕牆所環護的庭院，稱之為「庭院式城堡」；還有一些城堡在主堡周圍建有兩道或三道同心環的防禦工事，稱之為「集中式城堡」，這些類型的城堡安全性都大大加強，所以領主臥室不再拘於城主塔，而移至庭院內的舒適房間中。這時的圓形塔樓變得更小卻更堅固，成為城堡被圍困時的指揮部。

從土坯到石塊再到磚石，城堡日益堅固，城堡建築藝術不斷發展，堅硬的石塊使中世紀的城堡得以挺立至今，雖然由於自然的風化和人為的破壞，有的已是遺址或廢墟，但我們仍有幸在百年和千年後的今天領略其風采，並對城堡的生活和那個時代充滿無限遐想。

瓦維爾城堡記載克拉科千年的興衰繁榮，是最佳的鑒古明鏡；登上堡頂眺望被聯合國列為文化遺產的克拉科古都，更讓人為波蘭的顛沛國史感到唏噓不已。

戰火餘生

永恆之城──克拉科（Krakow）

克拉科位於波蘭南部離華沙約三百公里的維斯瓦河畔，是波蘭最大的文化、科學、工業與旅遊中心。

據說，克拉科之所以有這個名字，是因為古時候有一個叫克拉科的修鞋匠，殺死了多瑙河中專門吃美女的惡龍。為了紀念他，城市就叫「克拉科」。城內的克拉科丘就是鞋匠的墓地。

十一世紀以後的六百年間，克拉科成為波蘭的首都，相當繁榮。十七世紀初，波蘭首都遷往華沙，但大多數國王的加冕儀式和葬禮仍在克拉科大教堂舉行。1794年，波蘭被瓜分後，克拉科隸屬奧國。

到了第二次大戰期間，克拉科被併入德國版圖的「總督轄區」，因為是德國司令部的所在地，所以成為第二次大戰中波蘭唯一倖免戰禍的城市。城內至今仍保留著波蘭昔日黃金時代的風采，古舊典雅的建築物、鵝卵石街道、傳統的粉色房子隨處可見，隨便走進一間餐廳或店舖，都可能有數百年的歷史，所以在舊城區閒逛，就像回到中古時代的波蘭，親身感受當年的繁華盛

世，甚至有人稱這兒爲「永恆之城」，以讚美她千年來不變的面貌。聯合國也視此處爲珍貴的歷史文化，在1978年便已把克拉科列爲第一批的世界文化遺產。

古代權力的象徵

瓦維爾城堡建立在克拉科維斯拉河畔的石灰岩上，歷史十分悠久，是克拉科市民與全波蘭人民民族感情所繫的地方。

卡齊米什時期（1330-1370年）以此作爲王宮，1595年瓦維爾宮遭受火災，其後澤格蒙特三世才將王國首都遷往華沙。波蘭第三次被瓜分，奧地利侵略者將瓦維爾宮改爲兵營，王宮再次受到破壞。

在城堡內，有一座波蘭最美的教堂之稱的大聖堂，它建於十四世紀，混合義大利文藝復興建築風格與波蘭宗教特色，金黃色的圓頂是最大的特色；曾經是波蘭君主們舉行加冕大典的地點。這裡還安葬著波蘭史上幾位著名的大人物，如亞可沃王朝最後一位君主幾格蒙特二世、十八世紀最活躍的塔帖烏西·克林秋克將軍，以及兩次世界大戰之間執政的約瑟芬·普斯基元帥等等。這些名垂青史的波蘭君主、英雄們，他們的靈柩至今都排列在聖堂內，供人瞻仰。主教堂鐘樓上懸掛著全波蘭最大的吊鐘第一澤格蒙特大鐘，重達十一公噸。登上鐘樓可一覽克拉科的風光。

瓦維爾城堡還有兵器博物館和東方藝術博物館，以及傳說中的龍洞。龍洞是波蘭神話中噴火龍的出生地，必須往下走六十公尺長的階梯到城堡西側山丘，就是噴火龍的洞穴了。

瓦維爾城堡建立在克拉科維斯拉河畔的石灰岩上，歷史十分悠久，是克拉科市民與全波蘭人民民族感情所繫的地方，王瑤琴／攝影。

城牆邊則是札托伊基美術館的所在，主要收藏十七、十八世紀的歐洲名畫，有許多經典名作。其中最有名的是達文西的《抱銀鼠的女子》。

聖瑪莉教堂流傳唏噓的故事

座落在城堡北邊的是聖瑪莉教堂。在教堂內，最引人注目的便是安放在聖堂深處的大祭壇。這座十五世紀的大祭壇是以菩提樹雕刻而成的，高十三公尺，寬十一公尺，為歐洲最大的祭壇。在祭壇上不僅雕刻了聖母瑪利亞的一生，同時也描繪了當時克拉科居民生活的情形。從這些生動的雕刻中人們可以窺知當時有趣的民情風俗。在祭壇四周，陽光透過彩色的大玻璃映射在金色的祭壇上，氣氛十分肅穆莊嚴。

聖瑪莉教堂的外形相當獨特，擁有高矮不同的雙塔，據說是由於當年分別由兩兄弟各建一塔，以比較誰可以建得更高，而兄長為了贏得比賽，竟不惜將弟弟殺死。

至於其中一座八十公尺高的塔，每到中午就會響起四聲不同

在美麗的城堡景色中，有誰會想到世界大戰時這裡曾是人間煉獄呢！
王瑤琴／攝影

音色的喇叭聲。這只報時的喇叭，它代表的是一個波蘭人誓死捍衛國家的英勇事蹟。

那是在十三世紀時，當來自東方的韃靼人發動突擊，想要攻下克拉科時，恰巧被一名看守發現。這名看守即吹喇叭示警，一聲、兩聲、三聲……，當喇叭正響起第四聲時，聲音卻突然中斷了，原來看守的喉嚨已被敵人放箭射穿了。直到今天，克拉科人每天仍定時爬到塔上吹鳴喇叭，以提醒大家永遠效法他愛國的情操。

猶太人的眼淚

克拉科是個美麗、幽靜的古都，但是在這一片宮殿、城堡的風華中，卻有一個地方讓全世界的人都心有餘悸，印象深刻，這就是有「殺人工廠」之稱的奧斯威辛集中營。

在世界所有的紀念館中，奧斯威辛可以說是最淒慘和殘酷的地方。在它的外面，雖然白楊木繁茂地並列著，景色優美；但是一進入營區，便只看到一幅張牙舞爪的鐵絲網張掛著，監視塔上還架著機關槍。這裡是二次大戰期間，納粹最大的集中營。1942年，德軍又在奧斯威辛集中營附近建了一座比爾凱納爾集中營。

奧斯威辛集中營是一個規模龐大的殺人工廠，納粹德國為屠殺設計了專門的裝置。這些裝置包括五座配有毒氣室的焚屍爐、兩個內置焚屍溝的毒氣室。在這人間煉獄裡，曾經有400萬的猶太人被虐殺。

1947年，波蘭會議決定把奧斯威辛集中營保存下來，控訴納粹德國慘無人道的暴行。後來在國際奧斯威辛委員會的援助下，比爾凱納爾建造了悼念犧牲者的巨大慰靈碑。如今，集中營中仍然保留著斑斑血跡、牢獄、瓦斯毒室、焚化爐等，無不令人毛骨悚然。尤其是在瓦斯毒室中，還可以看到人骨製成的裁紙刀、煙灰缸等，整個房間瀰漫著一股說不出的寒意。

全世界熱愛驚險間諜故事的人，都知道「摩薩德」是以色列的間諜機構，是許多小說和電影創造的神話之一。

「摩薩德」其實是「馬薩達」的另一個譯音，寓意於「馬薩達」城堡發生的悲劇，有人把她叫做「悲劇之城」。

永不陷落的堡壘

地球心窩淚水裡的廢墟

死海是約旦河的終點，流經以色列北部的加利利海，緩緩下降蜿蜒匯流後就無出水口，因此人們稱它是世界的最低點，像深陷於地球心窩的一汪淚水。死海水也是苦澀的。傳說中的，希律王用死海的海水緩解了國家的憂慮。現實中，死海海水治癒了無數人的疾痛。

馬薩達城堡平靜而恬美地座落在死海西南的山巔上，她已是裸露在驕陽下的一片廢墟。從山谷仰望，絲毫不見端倪，只有陡峭的岩壁。幾千年前的人是頂著陽光，憑著雙腿進出馬薩達的，現在這裡有了電纜車。

這座比哭牆更使以色列人熱血賁張的古堡矗立在高峭的塊狀墩柱上，瀕臨幻景般的蔚藍死海。山頂如今唯餘斷壁殘垣，地形險要之餘，卻是滿目黃泥，寸草不生。經過幾千年洪水的沖刷，越加孤傲，徹底的荒蕪與空曠，而通往峰頂只有一條隱約可見的「蛇道」。

希律王山頂宮殿如今只剩下斷壁殘垣，但是憑藉想像，人們依然能構築出當年的奢華與堅固。寬大的屋舍，巨大的糧倉。土耳其浴室中，當年精美的裝飾仍有殘跡，燒火加熱的痕跡也宛然如昨。

　　塌倒的地方，人們也只是將原來的模樣復原，並不修復成所謂的旅遊景點。被黃沙淹沒的三分之二城堡都被挖掘出來：拱門、望塔、浴場，裝飾著馬賽克的宮殿，還有呼嘯而過，通行無阻的風。

最後的孤城

　　使馬薩達揚名的並不是在高山上建的這座城堡，而是猶太人以堅毅與勇氣寫成的寧玉碎不瓦全的慘烈歷史。

馬薩達是2000年前的猶太人在這片土地上陷落的最後一個城堡。西元70年，羅馬人占領了耶路撒冷，把僅存的猶太人圍困在死海邊緣的馬薩達城堡。猶太人的眼淚已經流乾，轉化為玉碎和犧牲的意志。他們死守馬薩達三年，與一萬名羅馬軍死戰。戰爭強弱懸殊，猶太人寧死不屈，終於在逾越節的日子，960餘名男女老幼集體自殺殉難，從容就義。王瑤琴／攝影

馬薩達城堡
Masada Castle

　　馬薩達是二千年前的猶太人在這片土地上陷落的最後一個城堡。西元70年，羅馬人占領了耶路撒冷，對猶太人大肆殺戮，倖存下來的猶太人紛紛攜家帶眷，投奔馬薩達。

　　當年希律王修建的馬薩達城堡，固若金湯，易守難攻。倉庫裡有滿滿的糧食；天上的降水被城堡裡精密的道渠收集起來，後備充足。儘管是最後的孤城，但還有什麼能撼動猶太人勇敢的心。

　　羅馬第十軍團萬餘精兵圍攻了整整三年，毫無辦法之後選擇了一個最笨的方法——在山旁堆一座與山同高、巨大無比的土堆，再堆一個巨大的斜坡到城堡的圍牆下，但還是攻不下來。到最後，羅馬人醒悟過來，重兵切斷水源，才使堅守三年的要塞被攻陷。

馬薩達的領袖，在殉難的前夕，留下了讓人類永遠動容的演說「明天拂曉，我們的抵抗將終止，不論敵人多麼希望我們做活的俘虜，但他們沒有辦法阻止我們可以自由地選擇與所愛的人一起死亡。讓我們把所有財物連同整個城堡一起燒毀，但是不要燒掉糧食，讓它告訴敵人：我們之死並不是缺糧，而是自始至終，我們寧可為自由而死，不為奴隸而生。」王瑤琴／攝影

城將破的前夕，馬薩達全城的男女老少共九百六十七人，爲避免落入羅馬人之手，全體自殺了。他們推出十名勇士作爲自殺的執行者，所有人緊抱妻兒，躺在地上，自願接受親密戰友的一劍刺喉。留一名勇士處死其他殺手，最後自盡。羅馬人經過三年殫精竭慮而拓道攻下的，不過是一座死城和近千具死骸。從此，猶太人的足跡從迦南之地消失，以色列也就此亡國，時爲西元73年。羅馬軍一位軍官在山洞中找到尚未斷氣的兩個老婦人與五個孩童，才留下這段血淚的見證。

永不陷落的馬薩達精神

今日的馬薩達城堡是考古學家們在1960年挖掘出的遺址。1900多年前，羅馬人爲進攻馬薩達所闢建的砂石斜道，今天被稱爲「蛇道」，如今是以色列青年入伍必須接受的考驗之一，他們循著蛇道登山，重溫先人的勇氣，然後宣誓以「馬薩達精神」保衛國家。而昔日羅馬軍團營區的司令部遺址，則保留在西邊的山腳下，部份做爲露天劇場，演出這段血寫的歷史。

1624年，荷蘭人爲了達到擴展遠東貿易的目的，決定進佔台灣。臺灣人見到毛髮紅色的荷蘭軍隊開來，大爲驚恐，奔相走告「紅毛來了！紅毛來了！」這一批被稱爲紅毛的荷蘭人強行佔領臺窩灣（今日台南安平區一帶），建了安平古堡，做爲統治台灣和對外貿易的總樞紐。

紅毛來了

熱蘭遮城──安平古堡

明天啓四年（1624年），盤據澎湖的荷蘭人被明廷驅逐後，把在澎湖當地所築的城堡拆除，將磚石連同武器糧食運到台灣，

安平燈塔是光緒17年（1891年）建造，後來到了光緒34年才改建在當時的荷蘭城，即是今是的安平古堡；光復後，才又在塔身外新建新型的瞭望台，而後又演變成觀光地標。葉仁傑／攝影

並於臺窩灣的鯤身沙洲，以木板和砂石興築城堡，次年，將之命名爲「奧倫治城」（Orange, 即安平古堡），荷人成爲台灣本島第一個築城者。

其實根據史料，早在1623年，盤據澎湖的荷蘭提督雷爾生即已派人在台建築一座臨時的竹製碉堡壘，後來因爲澎湖軍情告急，雷爾生將守城人緊急調回，竹製堡壘亦予以拆除。因此新建的奧倫治城成爲荷蘭人治台的根據地。

1627年，荷蘭第三任總督將奧倫治城改名爲「熱遮蘭城」

赭紅色的磚石，斑駁的古城牆，引人思古幽情，昔日的風華後人只能在史書中重建它的原型，今日所見的安平古堡已失了荷式城型，被日式的海關宿舍及紅磚平台取代。葉仁傑／攝影

（Zeelandia），並在對岸建了一座砲台——熱堡。到了第四任總督時，又將熱遮蘭城的竹木沙石城牆擴建為磚石城堡，這一工程共花了4年，到1634年才完工。

　　改建後的熱遮蘭城分為「內城」及「外城」，內城為包含行政中心、彈藥庫與糧倉的三層方形城堡；外城僅有一層，與內城相連，為長方形城郭。城牆的四個角落各有一座稜堡，上面設有砲台。

　　當年荷蘭人為擴展貿易而來，因此熱遮蘭城就成為一個國際的商務中心。包括漢人、原住民、荷蘭人、日本人都在城內尋找商機，而來自各方的小販商賈出售的物品，包括蔗糖、鹿皮、瓷器、甚至軍火，熱遮蘭城簡直具備了國際城市的條件。

西元1662年2月1日，鄭成功與荷蘭人議和之後，進駐熱蘭遮城，因紀念他的故鄉，改名安平鎮城，以示不忘故土，而且為方便外城城南邊出入，遂於外城南牆開一邊門，以春秋鄭國有閣閣門而名，因鄭莊王，武王不以地小猶禮賢下士，整軍經武，敢與諸侯爭雄，亦有大國之風，鄭成功以此喻台灣雖小，亦有恢弘之忍。葉仁傑／攝影

普羅民遮城──赤崁樓

　　就在國際貿易的興盛下，荷蘭人決定建立一個行政中心，遂於
1625年開發赤崁地區，命名為普羅民遮城（Provintia），並在此興建簡
單的竹製城堡、壕溝及砲台，以維護安全。

　　二十多年的光陰過去了，臺灣人辛勤工作，為荷蘭人帶來財富，
但是荷蘭人卻百般壓榨、欺凌。他們不但收人頭稅、關稅、狩獵稅、
物產稅，還使用各種欺榨手段壓榨臺灣人。1652年，有一名原為明朝
海上強豪鄭芝龍舊部，也曾是海賊頭目的郭懷一，召集當地漢人，計
劃於當年的中秋節，邀荷蘭官吏到住宅作客，然後趁機刺殺，再順勢
佔領熱蘭遮城，但是消息很快走漏，荷蘭人緊急召來援軍，郭懷一等
人不支潰敗，因這次事件牽連而死的共四千多人。

　　這一次起義雖然沒有成功，但是已使荷蘭人心驚膽顫，恐懼憂

安平古堡內的古炮是西元1930年日本人舉辦台灣文化三百年時，將嘉慶年
間台灣水師所鑄造的前膛古炮從他處移來此處供人欣賞。葉仁傑／攝影

慮，為避免類似的事件再次發生，荷蘭人決定改建赤崁樓，他們先以紅磚疊砌，再用糖水、糯米汁攪拌蚵殼灰成黏著劑，乾後堅若磐石，稱為普羅民遮城堡。

普羅民遮城堡呈四方形，頂上蓋有一幢磚房。另外，東西南北四角均建有稜堡，稜堡上皆設有瞭望台。

鄭成功收復台灣

1650年，反清復明的鄭成功力量逐漸強大，已攻佔了中左（廈門）與浯嶼（金門），使得荷蘭人大為緊張。1659年，鄭成功奪取南京失利，退回廈門。此時鄭成功將攻打台灣的傳言不脛而走，任何風吹草動都讓荷蘭人有如驚弓之鳥。

1661年，荷蘭人惡夢成真，鄭成功率艦隊自金門出發，先攻下澎湖，隨即遙指台灣。為了避開熱蘭遮城的炮火，鄭家軍朝北邊的鹿耳門前進。原本荷蘭人在鹿耳門水道的北線尾島上設有熱堡，但被颱風催毀，因此鄭成功在克服艦隊在鹿耳門沙洲的擱淺事件後，輕鬆地進據北線尾島，在原熱堡舊址紮營。

數日後，鄭家軍於赤崁登陸，立刻包圍熱蘭遮城。經過九個月的圍城，荷蘭人終於在1662年2月1日正式投降離台。之後，鄭成功為紀念位於泉州的故鄉安平，將一鯤身改名「安平鎮」，熱蘭遮城亦隨之更名為「安平城」。

其後，安平古堡在地震與風雨的摧殘下，牆垣日漸崩壞。道光廿三年（1843），安平古堡被改為軍火庫；同治十年（1871），由於傳教與商業糾紛，英國領事約翰率艦隊至安平示威，造成城牆嚴重損壞，安平古堡形同廢墟。

牡丹事件後，清廷派沈葆楨來台督辦防務。由於沈葆楨計劃在二鯤身建一座新式西洋砲台（即「億載金城」）。因工程所需的

磚石取之不易，所以拆取安平古堡遺址的磚石，就近支援。

1897年，日本人爲了要在安平城舊址興建海關宿舍，便將城堡的城基拆除，在昔日內城處再以磚砌成一座長形高台。1908年，日本人更從他處移來一座燈塔，立於內城西北角一帶。

臺灣光復後，國軍駐守安平古堡，興建了一座瞭望台。數年後，日據時代的燈塔失去效用，遂被移走。

如今的安平古堡已成爲國家一級古蹟，台南市政府更於2003年展開「再現王城」考古發掘城基計劃，以期將安平古堡的地位推上國際。

淡水紅毛城水光山色兼而有之，可謂古蹟與勝景集於一處。
然而，它的故事，卻是台灣近代苦難的縮影。

走過一百滄桑史

紅毛城。周治平／攝影

西班牙人的聖多明哥城

　　自從十六世紀新航路發現之後，西歐的航海強權國家逐漸由海路到東方尋求貿易利益。當時，荷蘭與西班牙兩個國家分別登陸了台灣，並劃定範圍實施統治——荷蘭人控制南部；而西班牙人佔有北部。

　　爲了鞏固統治權力，他們都選擇港口要塞作爲據點，建造了防衛性極高的城堡。荷蘭人於今台南地區建造熱蘭遮城、普羅民遮城；而西班牙人先在明天啓六年（1626年）於北部雞籠港外社寮島上建造了聖薩爾瓦多城（San Salvador），接著於崇禎二年（1629年）在滬尾（今淡水）建造了聖多明哥城（SanDomingo）即今日的紅毛城。

　　聖明哥城的外觀呈四方形。事實上，西班牙人與荷蘭人一樣，在台灣所建的城堡都採用四方形，像雞籠社寮島的聖薩爾瓦多堡與安平的熱蘭遮城都是方形，角隅則多半是利於眺望和射擊的稜堡。但淡水的聖多明哥城因爲本來就建造在港邊的山丘上，本身已具有很好的防衛與瞭望條件，因此並未設有五角形稜堡。

　　紅毛城初造時，所用的材料是土塊、蘆葦與竹木。到了明崇禎九年（1636年）時，淡水土著趁著黑夜攻擊紅毛城，殺了許多西班牙人。事後西班牙守將積極重建紅毛城，這一次改用石塊與灰漿來建造，城牆築得非常高。但是到了崇禎十五年（1642年）西班牙人在台灣的勢力被荷蘭人逐出，退至菲律賓，荷蘭人則佔領台灣北部，再度重建紅毛城，這次的重建非常重要，因爲我們今天所看到的紅毛城，大部分爲這次的遺物。

荷蘭人的紅毛城

　　明崇禎十七年（1644年），荷蘭人開始改建紅毛城。這次的

材料，除了石材，還使用以船隻遠道運來的石灰與磚頭。建造時，除了挖深地基外，也使用穹窿式的構造，證明荷人有決心要建造一座非常堅固的城堡。據當時的文獻紀錄，工程甚為艱鉅，至西元1646年才全部完成。至於現在城外的二層紅磚洋樓是清末光緒年間由英國人所建的領事館官邸。

　　紅毛城整建完工後，荷蘭官方開始派兵固守城堡。到了明朝永曆十五年（1661年），鄭成功克復台灣，原佔據台南的荷蘭守軍向鄭氏投降但是北部據有淡水及雞籠的荷蘭人卻沒有遭到鄭軍攻擊。後來荷人自知實力不足，無法再繼續盤踞，於是撤走北部的駐軍，離開了統治38年的台灣。荷軍撤離紅毛城時，曾故意破壞一部分構造。明鄭時期紅毛城曾長期荒蕪，到了鄭氏降清、清朝統治的初期，對紅毛城還是未加注意，僅將之視為一座砲城。

　　直至清雍正二年（1724年），淡水廳同知府王汧才加以整修，同時增建了外牆上的四座城門，這四座城門是紅毛城西式建築中僅有的中式建物，不過如今僅剩南門留存下來。

　　紅毛城入口處的地標，其上的VR是維多利亞女王名字的縮寫。周治平／攝影

清嘉慶以後，可能是中國駐軍不習慣使用西洋式堡壘，紅毛城遭到多年棄置，到清末咸豐元年〔1851年〕五口通商之後，卻有了轉機，開啓了台灣近代史的序幕，也開始了紅毛城的新生命。

英國領事館

　　咸豐年間兩次英法聯軍之役，和各國陸續訂立了天津條約、北京條約等通商條約，台灣的雞籠、淡水、安平、打狗四個港口，乃被迫闢爲通商口岸。十七世紀的航海強權國荷蘭及西班牙已被新興的英國和法國所取代了。英國尤其注意台灣的經濟利益，於是在開放的各口岸設立洋行及領事館。

　　由於當時北部的茶葉及樟腦輸出正盛，港口貿易額直線上升。英

紅毛城東側的英國領事館。周治平／攝影

國遂於同治六年（1867年）與清廷訂立「紅毛城永久租約」，以每年白銀三十萬兩爲租金，租下紅毛城作爲領事館之用，並開始進行改建工程。

英國人首先在紅毛城一旁較高處以磚砌成一座洋樓做爲領事官邸；接著將紅毛城的二樓充爲辦公室，底樓改爲監獄。據說當時花費了一百五十萬兩修理。另外，城頂的雉堞也作了修改，在南側增建露台，使辦公室有一個可以眺望淡水河港口的大陽台。而原來灰白色的外牆也改塗成朱紅色，遠遠望去非常鮮明、醒目，於是，紅毛城的外牆變成紅色。

此後，中國甲午戰敗，中日簽訂馬關條約，割讓台灣，但紅毛城仍一直由英國使用，英國領事依然悠閒地在豪華宅邸生活。

戍台落日美景

1950年，英國與台灣斷交，卻仍佔有紅毛城，直到1972年才撤館。但英國並未將城交還，反而委託澳大利亞代爲管理，及至澳大利亞與台斷交後，又轉委託美國管理。這段時間紅毛城終年高牆深鎖，嚴禁遊客入內參觀、拍照，引起國人相當不滿，最後在台灣政府及熱心人士奔走下，英國才在1980年將紅毛城歸還，終於歸中華民國所有。

收歸國有之後，紅毛城被指定爲第一級古蹟，並延聘專家進行修繕。如今，淡水紅毛城已成爲著名的觀光景點。登上城堡，遠眺觀音山及淡水河煙波，令人心曠神怡。在此欣賞夕陽，更是美不勝收，文人墨客將之取名爲「戍台落日」被列爲「淡江八景」之一。

魁克・休帕里是所有十字軍騎士城堡中規模最宏大，也是現存的騎士城堡中最完整的一座。

醫院騎士

聖堂騎士團與聖約翰騎士團

在十字軍東征期間，騎士的軍事團相繼成立，以支援這個目的高尚的運動。他們成為最強悍的十字軍，極度憎恨阿拉伯人，並成為可畏的敵人。即使十字軍在巴勒斯坦失敗後，這些軍事團仍然繼續存在。

第一支軍事團由聖堂的騎士（又名聖殿騎）成立於1108年，以保護在耶路撒冷的聖墓。聖殿騎士穿著印上紅十字的白色外衣，並遵守與聖本篤修會的苦行僧一樣的誓約（守貞和服從）。聖殿騎士是聖地的英勇防衛者之一，但由於有殺死戰俘的行為，而得到兇殘的名聲。他們從不向敵人求饒，是最後一支離開聖地的十字軍。在後來的日子裡，他們藉著接受捐獻和借貸而變得富有，卻因此招來國王們的妒忌與懷疑。在1307年，法國國王菲力四世以多重罪名包括異端邪說來控告他們，趁機予以逮捕並充公其土地。其他的歐洲領導人也都跟隨菲力的步伐，一一消滅聖殿騎士。

在耶路撒冷的聖約翰騎士團（或救傷團）最初的成立目的，

是幫助病患以及向聖墓朝拜的貧困朝聖者，但不久後就轉型為軍事團。他們穿上印有白色十字的紅外衣，並遵守與聖本篤修會一樣的誓約，此外尚設立一個高標準，不准他們的軍事團變得富裕和慵懶。隨著他們的大城堡（魁克）相繼投降後，他們被趕出聖地，並撒退到羅德斯島，在該地防守數年之久。當土耳其人把他們驅離羅德斯島後，他們就在馬爾他定居下來。

騎士城堡群

在十字軍東征以前，基督徒的商人們曾獲得回教徒的允准，在耶路撒冷建有一座醫院專門收容貧病的朝聖者，1099年，十字軍第一次東征旗開得勝，並在耶路撒冷建立了基督徒王國，大約在1120年，這所醫院重新改為慈善團體，繼續擴大為基督徒作軍事上的保護，這些慈善騎士就是「聖約翰騎士」（或稱醫院騎士）；同時也有一些以保護耶路撒冷的所羅門王聖殿遺址為任務的「聖堂騎士」。

這兩類特別的騎士團體，在十字軍東征期間，從黎巴嫩的貝魯特到土耳其的安塔基亞，延伸約二百五十公里的高山地帶（即「城堡帶」），建造了許多城堡，而這些城堡在十字軍聖戰中都扮演著非常重要的角色。

最重要的十字軍要塞

魁克騎士堡位於敘利亞第三大城霍姆斯的西方十公里，矗立在海拔二千三百公尺的山丘上，居高臨下掌控著面臨地中海的黎巴嫩崔波里，以及霍姆斯的缺口，戰略位置非常重要。它有十字軍所建的城堡中，至今保存得最完整的。

最早使用這座城堡基地的是1031年的一位阿拉伯酋長。其實回教徒本來就是建造城堡的專家，像他們在開羅所建的城堡，其城牆有3

公尺厚，而且呈L形的出入口也很難攻入。大部份阿拉伯人的城堡是呈圓形，雖然不像方形城堡一樣便於增建廳室，卻較不易被撞倒或因挖掘地基而坍塌。高大的樓塔更是理想的守望所。

1099年，十字軍的法國土魯斯的雷蒙伯爵佔領了魁克堡，開始在原有的基礎上增建；但在1110年，魁克城堡被諾曼第人的領袖唐克列德取得，到了1142年又被慈善騎士佔領，再闢建成目前所保存的規模。

魁克騎士堡原先只有一座庭院，後來又增建了一道外牆和較完備的入口防護措施。城堡的三面都矗立著黑色玄武石塊所砌的石牆，第四面下則挖了一條壕溝。攻城者來到大門前，必須先爬上一道窄徑，但這樣做會使他們成為守城者發射炮火的明顯目標。堡壘內的一條圓拱屋頂的彎曲通道處，又有四扇大門，最後才是龐大的城樓。城堡內也有巨大的穀倉、一口水井、一座風車和一條導水管。

由於堅固的防禦設施，魁克騎堡成了最重要的十字軍要塞，在1271年淪陷於埃及的阿拉伯人之前，共一百三十多年的歲月裡，曾經抵抗了超過十二次的激烈攻城戰，卻絲毫未被敵人攻破，連英勇無敵的阿拉伯英雄薩拉丁都對它莫可奈何。

受騙失城

1271年，魁克騎士堡又受到埃及蘇丹的進攻。這次回教大軍並沒有直接攻擊魁克的主城門，因為即使擊破了它，後面還有一連串致命的狹隘走道，通往第二堵更堅固的城門。他們改挖掘西南城角大箭塔的底部，用來攻擊南面的城牆，猛攻了一個多月，終於攻進了外庭院，但還是無法再向前推進。

於是他們使用計謀，冒用騎士團長老的名義，假造了一張指

示投降的信件，以信鴿放送入城。疲憊不堪的守城者竟然信以為真，便大開城門向敵人投降了。曾經堅守並擁有一百六十餘年的城堡，就如此輕易地拱手送給回教徒。

十字軍東征的經驗

建造城堡的專家——醫院騎士和聖堂騎士，於十字軍聖戰結束後回到歐洲，也帶回了中東城堡建築的造形與技術。在歐洲築城者細心的規劃下，他們開始設計多重圍牆、在方形城堡薄弱的角洛中加建圓形塔樓，東方城堡的優點與特色對於後來歐洲城堡的修建、新建，均有著深遠的影響。

國家圖書館出版品預行編目資料

消失中的城堡／黃晨淳著；

初版.——臺中市 ：好讀，2005[民94]

面： 公分，——（人文地標；07）

ISBN 957-455-838-X（平裝）

718.11　　　　　　　　　94004332

人文地標07

消失中的城堡

作　者／黃晨淳

文字編輯／葉孟慈

總編輯／鄧茵茵

美術編輯／劉彩鳳（歐米創意）

發行所／好讀出版有限公司

台中市407西屯區何厝里19鄰大有街13號

TEL:04-23157795　FAX:04-23144188

e-mail:howdo@morningstar.com.tw

http://howdo.morningstar.com.tw

法律顧問／甘龍強律師

印製／知文企業〈股〉公司

TEL:04-23581803

初版／西元2005年4月15日

總經銷／知己實業股份有限公司

郵政劃撥／15060393

http://www.morningstar.com.tw

E-mail:itmt@morningstar.com.tw

台北公司：台北市106羅斯福路二段79號4樓之9

TEL:02-23672044　FAX:02-23635741

台中公司：台中市407工業區30路1號

TEL:04-23595820　FAX:04-23597123

定價：450元／特價：299元

如有破損或裝訂錯誤，請寄回本公司更換

Published by How Do Publishing Co.,Ltd.

2005 Printed in Taiwan

ISBN 957-455-838-X

讀者迴響

書名：消失中的城堡

1. 姓名：＿＿＿＿＿＿　□♀　□♂　出生：＿年　＿月　＿日
2. 我的專線：（H）＿＿＿＿＿＿＿　（O）＿＿＿＿＿＿＿
   　　　　　FAX ＿＿＿＿＿＿＿　E-mail ＿＿＿＿＿＿＿
3. 住址：□□□＿＿＿＿＿＿＿＿＿＿＿＿＿＿＿＿＿
4. 職業：
   □學生　□資訊業　□製造業　□服務業　□金融業　□老師
   □SOHO族　□自由業　□家庭主婦　□文化傳播業　□其他＿＿＿
5. 何處發現這本書：
   □書局　□報章雜誌　□廣播　□書展　□朋友介紹　□其他＿＿＿
6. 我喜歡它的：
   □內容　□封面　□題材　□價格　□其他＿＿＿＿＿
7. 我的閱讀嗜好：
   □哲學　□心理學　□宗教　□自然生態　□流行趨勢　□醫療保健
   □財經管理　□史地　□傳記　□文學　□散文　□小說　□原住民
   □童書　□休閒旅遊　□其他
8. 我怎麼愛上這一本書：

　＿＿＿＿＿＿＿＿＿＿＿＿＿＿＿＿＿＿＿＿＿＿＿＿＿＿

　＿＿＿＿＿＿＿＿＿＿＿＿＿＿＿＿＿＿＿＿＿＿＿＿＿＿

　＿＿＿＿＿＿＿＿＿＿＿＿＿＿＿＿＿＿＿＿＿＿＿＿＿＿

『輕鬆好讀，智慧經典』

有各位的支持，我們才能走出這條偉大的道路。

好讀出版有限公司編輯部　　謝謝您！

請填妥後對折裝訂，直接投郵即可，免貼郵票。

廣告回函
台灣中區郵政管理局
登記證第3877號
免貼郵票

好讀出版社　編輯部收

407 台中市西屯區何厝里大有街13號1樓

電話：04-23157795　傳眞：04-23144188

E-mail:howdo@morningstar.com.tw

新讀書主義─輕鬆好讀，品味經典

------- 請沿虛線摺下裝訂，謝謝！-------

更方便的購書方式：

(1) **信用卡訂購**　填妥「信用卡訂購單」，傳眞或郵寄至本公司。

(2) **郵 政 劃 撥**　帳戶：知己實業股份有限公司　帳號：15060393
在通信欄中填明叢書編號、書名及數量即可。

(3) **通 信 訂 購**　填妥訂購人姓名、地址及購買明細資料，連同支
票或匯票寄至本社。

◉單本以上9折優待，5本以上85折優待，10本以上8折優待。

◉訂購3本以下如需掛號請另付掛號費30元。

◉服務專線：（04）23595819-232　FAX：（04）23597123

◉網　　址：http://www.morningstar.com.tw